基金项目：北京市社会科学基金规划重点项目
北京乡村旅游高质量发展研究"（20GLA007）

基于"两山理论"的
北京乡村旅游高质量发展研究

张　波　肖庆洲◎著

知识产权出版社

全国百佳图书出版单位

—北京—

图书在版编目（CIP）数据

　　基于"两山理论"的北京乡村旅游高质量发展研究/张波，肖庆洲著. —北京：知识产权出版社，2025.3. —ISBN 978 - 7 - 5130 - 9942 - 4

　　Ⅰ. F592. 71

　　中国国家版本馆 CIP 数据核字第 20255YN555 号

内容提要

　　基于"绿水青山就是金山银山"的重要理念和科学论断，本书提出北京乡村旅游高质量发展的三种模式，即生态产业化、产业生态化和"两化"协同发展，在此基础上提出了实现乡村旅游高质量发展的策略。

责任编辑：李　潇　刘晓琳　　　　　责任校对：潘凤越

封面设计：邵建文　　　　　　　　　责任印制：刘译文

基于"两山理论"的北京乡村旅游高质量发展研究

张　波　肖庆洲　著

出版发行：知识产权出版社 有限责任公司	网　　址：http：//www. ipph. cn
社　　址：北京市海淀区气象路 50 号院	邮　　编：100081
责编电话：010 - 82000860 转 8133	责编邮箱：191985408@ qq. com
发行电话：010 - 82000860 转 8101/8102	发行传真：010 - 82000893/82005070/82000270
印　　刷：北京九州迅驰传媒文化有限公司	经　　销：新华书店、各大网上书店及相关专业书店
开　　本：720mm×1000mm　1/16	印　　张：9.75
版　　次：2025 年 3 月第 1 版	印　　次：2025 年 3 月第 1 次印刷
字　　数：170 千字	定　　价：89.00 元

ISBN 978 - 7 - 5130 - 9942 - 4

引　言

习近平总书记指出："高质量发展，就是能够很好满足人民日益增长的美好生活需要的发展，是体现新发展理念的发展，是创新成为第一动力、协调成为内生特点、绿色成为普遍形态、开放成为必由之路、共享成为根本目的的发展。"推动高质量发展，是当前和今后一个时期确定发展思路、制定经济政策、实施宏观调控的根本要求❶。经济社会发展的高质量必然要求产业发展的高质量，不仅是第一产业、第二产业的高质量发展，也要求第三产业的高质量发展。旅游业作为第三产业的重要组成部分，其实现高质量发展对我国经济社会发展具有重要意义。

2023 年的中央一号文件《中共中央 国务院关于做好 2023 年全面推进乡村振兴重点工作的意见》明确提出，全面建设社会主义现代化国家，最艰巨最繁重的任务仍然在农村。世界百年未有之大变局加速演进，我国发展进入战略机遇和风险挑战并存、不确定难预料因素增多的时期，守好"三农"基本盘至关重要、不容有失。党中央认为，必须坚持不懈把解决好"三农"问题作为全党工作重中之重，举全党全社会之力全面推进乡村振兴，加快农业农村现代化。在我国实现脱贫攻坚和推进乡村振兴的过程中，众多实践证明，发展乡村旅游可以带动村民增收致富，壮大集体经济，为共同富裕打下基础。因此，实现乡村旅游的高质量发展对巩固脱贫攻坚成果，接续实现乡村振兴具有重要作用。

北京乡村旅游的高质量发展对实现首都高质量发展，打造全国乡村振兴示范基地，进而推动国内其他地区乡村旅游高质量发展，实现共同富裕具有示范和带动作用。《北京市"十四五"时期乡村振兴战略实施规划》指出，北京要率先基本实现社会主义现代化，走在全国前列，最艰巨最繁重的任务

---

❶　全国人大财政经济委员会，国家发展和改革委员会.《中华人民共和国国民经济和社会发展第十四个五年规划和 2035 年远景目标纲要》释义［M］. 北京：中国计划出版社，2021：261.

依然在农村，最突出的短板依然是农业农村的现代化。这表明，虽然近年来北京的乡村发展和建设取得了一系列成就，但是如何实现长期可持续发展，探索高质量的发展道路，仍然是摆在眼前的重要问题。

党的二十大报告指出："大自然是人类赖以生存发展的基本条件。尊重自然、顺应自然、保护自然，是全面建设社会主义现代化国家的内在要求。必须牢固树立和践行绿水青山就是金山银山的理念，站在人与自然和谐共生的高度谋划发展。""绿水青山就是金山银山"（以下简称"两山理论"）的理念是习近平生态文明思想的重要体现，为我国实现经济社会高质量发展提出了发展要求，指出了发展路径。"两山理论"以其科学性、人民性、实践性，为乡村旅游的高质量发展提供了根本价值遵循。

以"两山理论"指导北京乡村旅游高质量发展，构建以乡村旅游为主体、以保护生态和传承北京文化为两翼的"乡村旅游＋生态＋文化"的高质量发展模式，通过生态产业化、产业生态化与"两化"❶协同发展建立起乡村旅游绿色产业体系，从而实现北京乡村旅游高质量发展。本书的研究内容主要包含以下六个方面。

（1）研究背景与"两山理论"及其实践路径。在剖析"两山理论"内涵特征的基础上，提出了其实践路径，即生态产业化、产业生态化与"两化"协同发展。

（2）"两山理论"与乡村旅游高质量发展理论分析。主要分析"两山理论"与乡村旅游高质量发展的内在逻辑，提出在"两山理论"下乡村旅游高质量发展的资源观、产业观和效益观，并基于此对乡村旅游高质量发展进行新的概念界定，论述"两山理论"下乡村旅游高质量发展的特征。

（3）从效益层面与游客层面对北京乡村旅游高质量发展进行评估。效益层面评估包含了对经济、生态和文化效益的评估，游客层面评估则采用微观的调查问卷的方式，以北京乡村民宿为例，对游客进行问卷调查，并开展实证分析。

（4）"两山理论"与北京乡村旅游高质量发展的关系研究。采用耦合协调度模型、莫兰指数、局部空间自相关模型与地理探测器，分别从宏观和微观角度对"两山理论"下北京乡村旅游的生态与经济发展进行协调性分析。

（5）北京乡村旅游高质量发展的实现模式研究。基于"两山理论"的要

---

❶ 本书将生态产业化和产业生态化简称为"两化"。

求，立足乡村旅游高质量发展的特征，本书提出了实现北京乡村旅游高质量发展的三种模式，即生态产业化、产业生态化与"两化"协同发展。

（6）北京乡村旅游高质量发展的策略研究。提出以乡村振兴和共同富裕为着眼点，打造突出乡村旅游产业优势的乡村旅游高质量发展策略。

目 录

| 第一章 |

研究背景与文献综述

1.1 研究背景

进入 21 世纪之初，我国的经济获得高速发展，但与此同时，经济社会发展与自然环境之间的矛盾也开始显现出来，这些问题受到政府和学界的广泛关注，阻碍了社会的可持续发展，不利于我国社会主义建设的稳步前行。为了实现可持续发展，我国着眼于社会经济的发展实际，统筹农村与城市两大环境，采取了一系列政策措施。

习近平总书记在福建工作期间，深刻认识和把握这一现实问题，在改革开放和社会主义现代化建设过程中，提出了一系列关乎未来发展大计的论断并付诸实践。习近平同志亲自推动厦门筼筜湖治理、长汀水土流失治理、木兰溪治理等多项重大生态工程，彰显着发展理念之变、发展方式之变；率先提出建设生态省的战略构想、制定建设生态省的战略目标，为福建发展作出了具有历史意义的战略抉择❶。2005 年 8 月 15 日，时任浙江省委书记习近平到浙江省安吉县余村考察时，首次提出"绿水青山就是金山银山"的科学论断。之后不久，习近平同志在《浙江日报》"之江新语"专栏发表评论指出："如果能够把这些生态环境优势转化为生态农业、生态工业、生态旅游等生态经济的优势，那么绿水青山也就变成了金山银山。"2015 年，"坚持绿水青山就是金山银山"的理念正式被写进中央文件——《中共中央 国务院关于加快推进生态文明建设的意见》。2022 年 10 月，习近平总书记在党的二十大报告中强调，必须牢固树立和践行绿水青山就是金山银山的理念，站在人与自然和谐共生的高度谋划发展。

党的二十大报告明确指出，高质量发展是全面建设社会主义现代化国家的首要任务。基于新的社会发展形势，旅游业高质量发展越来越重要。乡村旅游是旅游业的重要组成部分，如何认识并实现乡村旅游高质量发展已成为乡村旅游开发中面临的新问题。

乡村旅游以乡村为依托，其发展依赖于乡村的生态环境和文化资源，这

---

❶ 求是杂志社，福建省委联合调研组. 山海聚力，推动福建高质量发展［EB/OL］. （2022 - 08 - 01）［2024 - 08 - 12］. http：//www. qstheory. cn/dukan/qs/2022 - 08/01/c_1128878430. htm.

决定了乡村旅游的发展必然与以"绿水青山"为要义的"两山理论"密切相关，更有学者指出"两山理论"与乡村旅游存在天然契合逻辑。此外，以"两山理论"为指导，我国各地区涌现出大量通过发展乡村旅游实现生态致富、乡村振兴的鲜活案例。但是，目前关于"两山理论"如何指导乡村旅游高质量发展的研究却落后于实践，关于"两山理论"下乡村旅游在经济、生态、文化、社会层面上实现综合价值的研究也鲜有涉及。

北京作为全国经济发展的重要示范地和中心区之一，环城区的乡村发展，尤其是近年来乡村旅游的发展，取得良好效果。如何实现北京乡村旅游的高质量发展，服务好首都"四个中心"建设，打造全国乡村旅游和乡村振兴的示范基地，是北京乡村旅游发展必须面对的问题。

基于此，本书以"两山理论"为视角，通过把握"两山理论"中经济发展、社会治理以及自然和文化之间的辩证统一性来分析乡村旅游高质量发展的内涵、特征，并对北京乡村旅游高质量发展进行评估和分析，以此为基础提出实现乡村旅游高质量发展的模式和策略，为"两山理论"的拓展研究和实现北京乡村旅游高质量发展的实践提供参考。

1.2 "两山理论"的内涵要求

时任浙江省委书记习近平在 2005 年提出"绿水青山就是金山银山"的论断后，又于 2006 年 3 月 8 日在中国人民大学发表演讲，对"绿水青山"与"金山银山"的关系作出系统性阐释，提出了"三个阶段"："第一个阶段是用绿水青山去换金山银山，不考虑或者很少考虑环境的承载能力，一味索取资源。第二个阶段是既要金山银山，但是也要保住绿水青山，这时候经济发展与资源匮乏、环境恶化之间的矛盾开始凸显，人们意识到环境是我们生存发展的根本，要留得青山在，才能有柴烧。第三个阶段是认识到绿水青山可以源源不断地带来金山银山，绿水青山本身就是金山银山，我们种的常青树就是摇钱树，生态优势变成经济优势，形成了一种浑然一体、和谐统一的关系。这一阶段是一种更高的境界，体现了科学发展观的要求，体现了发展循环经济、建设资源节约型和环境友好型社会的理念。"2013 年 9 月，习近平主席在哈萨克斯坦纳扎尔巴耶夫大学发表演讲，在回答提问时对这一理念进一步作出了深刻阐述："我们既要绿水青山，也要金山银山。宁要绿水青山，不要金山银山，而且绿水青山就是金山银山。"2016 年 3 月，习近平总书记参加十二届全国人大四次会议黑龙江代表团审议时指出，绿水青山是金山银山，黑龙江的冰天雪地也是金山银山。

1.3　"两山理论"的实践路径

本书提出"两山理论"的三个主要实践路径：①绿水青山换金山银山，造成生态破坏，因而要进行环境治理和生态修复，即"产业生态化"；②绿水青山就是金山银山，人们意识到绿水青山具有经济性，打通"绿水青山"向"金山银山"的转换通道，即"生态产业化"；③既要绿水青山，又要金山银山，构造一种新的生产、生活、生态共赢的高效、绿色、可持续的高质量发展模式，即"产业生态化和生态产业化协同发展"。

产业生态化是基于习近平生态文明思想，对传统产业模式进行改造、创新和转换，按照高质量发展的要求，在发展经济过程中注意环境保护和资源节约。生态产业化是要把"绿水青山"变成"金山银山"，要在保护环境的同时，挖掘、开发、创造生态资源。"两化"的目的是保证经济发展与生态建设的双收益，实现产业经济与环境保护的和谐发展，"既要绿水青山，也要金山银山"。产业生态化是产业过程的革新，生态产业化是生态资源的经济化与市场化。

要实现经济和生态的和谐发展，就要加快推进"两化"，将生态发展作为主要发展途径，同时加快深化供给侧结构性改革，改善发展环境，因地制宜地优化产业结构和三大产业的比重，将经济发展与生态保护有效地结合起来。各地区必须结合自身产业特点，推进绿色转型，以绿色技术和人工智能为手段，全面进行产业升级，实现产业生态化。同时，各地区也必须意识到金山银山与绿水青山是密不可分的关系，将生态资源作为特殊资本进行运作，实现生态资源的保值增值，真正将生态资源转化为价值商品。

因此，"两化"协同发展是"两山理论"的实践路径。

1.4 乡村旅游高质量发展及其相关研究

1.4.1 乡村旅游高质量发展的内涵

高质量发展的提出背景是在继续推动发展的基础上，着力解决好发展不平衡不充分的问题，大力提升发展质量和效益。我国社会主要矛盾已转化为人民日益增长的美好生活需要和不平衡不充分的发展之间的矛盾，又集中体现在发展质量上。坚持以推动高质量发展为主题，就是要在质的提升中实现量的有效增长，进入新发展阶段。高质量发展不仅局限于经济领域，社会主义现代化建设各领域都要体现高质量发展要求，不断实现人民对美好生活的向往，增强人民群众的获得感、幸福感、安全感。此外，纵观全球经济发展大势，对经济规律的遵循也必然要求推动实现高质量发展。凡是成为高收入经济体的国家和地区，都经历了高速增长后从量的扩张转向质的提高。因此，经济发展中量的积累到一定阶段必须及时转向质的提升，对于我国来说亦是如此。

我国乡村旅游由观光农业发展而来，乡村旅游的发展为乡村产业兴旺做出了极大贡献，在优化乡村优质资源环境、拓展农村经济高质量发展新空间的过程中发挥了重要作用。尽管乡村旅游取得了一些成绩，但在发展中仍然面临一些困难，旅游需求的品质化趋势越来越明显，对于乡村经济发展也有了新的要求。

生态环境、经济、劳动力等资源是旅游业高质量发展的根基，旅游业高质量发展要从产业效率角度、整体发展角度和游客角度展开。于法稳等（2020）认为从满足人们对美好生活需要出发，精准对接游客需求是乡村旅游高质量发展的重要内容，并将农业强、农民富、农村美作为发展目标，将生态与经济协调发展作为最终归宿。朱明等（2021）认为乡村旅游高质量发展，是新时代背景下中国对接居民消费升级、实现富民增收、激发农村活力、解决"三农"问题、贯彻乡村振兴战略、落实高质量发展的必然选择。李江敏等（2023）提出乡村旅游高质量发展是将"绿水青山"变成"金山银山"的有效方式，认为高质量发展是以生态、绿色为重要基础，从四个维度构建了乡村旅游高质量发展的评价指标体系。高质量发展给乡村旅游发展提供了新的思路与方向，人们生活品质的提高也带来了旅游喜好的转变，从注重观光到注重体验，从注重一个景点的游览到注重整个区域的游览，生活性更强，从团体游转向自助游、深度游。周丽等（2021）将目光聚焦于西部民族地区，提出乡村旅游高质量发展是自然风光与民族风情、历史文化全面融合的，三大产业结合的，以绿色生态为核心的，人与自然和谐共生的，农民充分参与的，促进共同富裕的，推动乡村全面振兴的高质量发展。崔健等（2021）认为乡村旅游高质量发展是以绿色发展理念为指导，为了实现乡村生态、经济、社会协调可持续发展的一种发展模式。罗文斌等（2020）基于农民参与视角，认为乡村旅游要转向高质量发展，则建设美丽的乡村环境是第一要义，促进文旅深度融合是灵魂所在，营造淳朴的乡风氛围是前提，提供人性的旅游服务是必要途径。

1.4.2　乡村旅游高质量发展的影响因素

乡村旅游高质量发展的影响因素包括众多方面。李江敏等（2023）以湖北省为例，通过实证研究发现，寻找绿色发展理念与高质量发展的逻辑契合点，通过构建湖北省乡村旅游高质量发展的指标体系发现，影响乡村旅游高质量发展的重要因素包含城市资源禀赋、经济发展状况以及乡村振兴战略和新发展理念。苏卉等（2023）提出乡村旅游高质量发展并非由单一因素影响，而是多种因素协同作用的结果，其中旅游安全是各地推进乡村旅游高质量发展中普遍重视的核心要素，旅游资源和产品、旅游规划和管理也是重要的影响因素，旅游设施和旅游交通为辅助因素。杨洋等（2022）基于产业生态圈视角，通过分析山东丘陵地区乡村旅游高质量的发展水平，通过使用地理探测器发现，产业发展状况对乡村旅游高质量发展的影响程度最大，其次为人均国民生产总值等其他因素。杜岩等（2022）通过采用耦合协调分析、地理探测器技术发现山东地区的乡村旅游高质量发展呈现出明显的区域异质性，当地的资源基础、经济发展水平、城乡协调程度都会影响乡村旅游高质量发展的水平。韩成英（2023）提出了人才对乡村产业转型升级和乡村旅游高质量发展的重要影响，并提出要培养一批对宏观政策理解与贯彻能力强、具有乡村旅游科学发展与管理理念、具有乡村旅游接待服务技能和乡村旅游创新创业能力突出的旅游从业者，从而助力乡村旅游高质量发展。徐榕阳（2023）通过半结构化访谈分析了"两山理论"下相关要素带动、宣传定位、产业融合和社会参与广度对乡村旅游高质量发展的影响，并就此提出了相关策略。

1.4.3　乡村旅游高质量发展的实践路径

国内学者对乡村旅游高质量发展的实践路径展开研究，提出了众多观点。王勇（2020）提出要从四个方面推动乡村旅游高质量发展：坚持因地制宜、推动特色发展；坚持整合资源、推动融合发展；坚持品质导向、推动品牌发展；坚持着眼长远、推动良性发展。周丽等（2021）认为要实现乡村旅游高质量发展，就要转变旅游资源开发模式，促进乡村旅游开发利用升级；大力推动"旅游＋"融合发展，促进乡村旅游业态升级；大力推动自然与生态、自然与人文的有机融合，促进乡村旅游品质升级；建设智慧乡村、智慧景区，促进乡村旅游基础设施升级；加快标准提升和培训，促进乡村旅游服务水平升级。耿松涛等（2023）提出在乡村旅游高质量发展中要实施差异化策略，通过发挥数字经济引擎作用，推动乡村产业联动发展，搭建特色小镇平台，助力乡村产业创新发展，重塑乡村性意义，提升乡村旅游体验质量。张祝平（2021）指出实现乡村旅游高质量发展的核心是文旅融合，长久发展的动力是乡村文化，乡村文化可以为乡村旅游发展提供源源不断的支持，在现有的产业发展情况下，必须重视挖掘乡村文化及其精神内核。舒伯阳等（2022）认为必须以新发展理念来引领乡村旅游的高质量发展，针对性地提出以绿色和生态优先为发展主调、以文化与品牌 IP 为产品的主打、以游客体验感为消费驱动内核、以人才与运营管理为关键保障的乡村旅游高质量发展实践路径。王婷等（2021）在分析了现阶段大部分地区在发展乡村旅游的过程中存在的问题，提出要改善公共服务水平、培育市场主体、建设人才队伍、优化政策与机制的乡村旅游高质量发展策略。吴彦辉（2021）提出要坚持绿色发展道路，夯实高质量发展的基础，深挖乡村文化；培育特色品牌，以科技赋能；拓展产业发展空间，创新旅游治理模式；高度重视农民参与，加强制度创新；把好监管环节。赵凌宇等（2018）提出要通过提升科学规划、做好精准定位、做好产品营销和注重农民参与推进乡村旅游高质量发展。谢珈等（2019）将文化和旅游相结合，立足乡村振兴的时代背景，指出实现乡村旅游高质量发展要在政府组织的指导推动下深入发掘传统文化，对乡村文化进行产业化的开发利用。罗颖（2023）在乡村振兴战略背景下，提出要依靠政府、企业、村民三方合力，共同推进乡村康养旅游高质量发展。王金伟等（2023）在共同富裕的视角下，提出了三条乡村旅游高质量发展的实践路径，主要涉及农村产业体制改革、科技赋能和乡村旅游人才三个方面。

目前在学术界关于如何实现乡村旅游高质量发展的问题，虽然学者们的观点有交叉重合之处，但是并未形成一个完整全面的体系。

第二章

"两山理论"与乡村旅游高质量发展

2.1 "两山理论"与乡村旅游 高质量发展的内在逻辑关联

2.1.1 乡村旅游高质量发展的内在要求

2.1.1.1 乡村振兴

1. 乡村振兴的相关研究

实施乡村振兴战略是解决新时代我国社会主要矛盾、实现"两个一百年"奋斗目标和中华民族伟大复兴中国梦的必然要求，具有重大现实意义和深远历史意义。2023 年 1 月 2 日出台的《中共中央 国务院关于做好 2023 年全面推进乡村振兴重点工作的意见》，着重强调了乡村振兴工作对于全局发展的重要作用，指出必须坚持不懈把解决好"三农"问题作为全党工作重中之重，举全党全社会之力全面推进乡村振兴，加快农业农村现代化。

实施乡村振兴战略的总要求包含了产业兴旺、生态宜居、乡风文明、治理有效、生活富裕五方面。关于实现产业兴旺，学者们多从产业的实现模式、资金融通方式、地方政策制度等方面进行研究并提出对应的策略建议；关于实现生态宜居，有学者认为基于实现"生态宜居"目标的长期性、复杂性和艰巨性，要突出问题意识、坚持系统思维、着眼标本兼治、构建评价标准，从而整体推进生态宜居目标的实现；实现乡风文明的关键是要实现乡村的精神文明建设，这种精神文明建设需要基层党建的引领，凝聚各方力量，从而在乡村形成知荣辱、讲正气、促和谐的良好风尚，只有让农村精神文明的源泉充分涌流，才能全面推动乡村振兴战略落地生根；乡村有效治理的影响因素主要包括基层党组织、合作社、村民自治组织建设等，实现乡村的有效治理需要从这几个方面进行着手；乡村居民的生活富裕是乡村产业兴旺的必然结果，实施乡村振兴战略也有助于共同富裕的实现。

此外，实施乡村振兴战略，要从推动乡村产业振兴、人才振兴、文化振兴、生态振兴、组织振兴五个方面着手。要构建现代农业产业体系、生产体系、经营体系，实现真正的"吸引人才到农村"和文化振兴，要走乡村绿色发展之路，让良好生态成为乡村振兴的支撑点，还要建立更加有效、充满活力的乡村治理新机制。

2. 乡村旅游高质量发展与乡村振兴的目的贯通性

乡村旅游高质量发展以乡村旅游的绿色产业体系为载体，通过旅游产业的运转经营，在多层面实施乡村振兴战略，助力产业兴旺、绿色发展、文化建设、治理有效、生活富裕。

产业兴旺是重点，乡村旅游高质量发展的中心是旅游，载体是旅游产业的开发运营，这是实现产业兴旺的直接途径。从产业本身来说，旅游产业高质量发展，必然包含产业不断优化升级，融合高新技术和绿色低碳技术。首先，在高新技术的辅助下，智慧旅游的应用范围不断拓宽，涵盖景区的公共服务、景区展示、虚拟场景等众多方面，切实提高了游客在游览过程中的便利性和满意度，促使游客和景区实现更加深入、多层面的互动，这种良好的游览体验和互动关系，促使游客在景区消费、二次洄游等方面的可能性增加，从而拉动乡村旅游的产业收入。其次，在绿色技术加持与生态环境保护的双重作用下，产业的生态化特色得到凸显，不仅能为游客提供绿色健康的有机食品，而且能提供优质的旅游环境，包括蔚蓝的天空、清澈的河流、整洁干净的道路以及清新的空气等，从而更好地凸显出乡村的"原真性"。这些都塑造了乡村旅游的绿色、生态品牌，产生品牌效应，能更大范围地、更持久地吸引游客，增加乡村旅游的产业效益。从产业融合的角度来说，乡村旅游的各项绿色产业能在多维度的供需过程中实现联动，将城乡产业与乡村产业融合起来，优势互补，形成相互支撑的绿色产业体系，各产业之间相互依存，相互支持，产生规模效应，最大限度地发展。因此，在"两山理论"的运用过程中，产业兴旺的目标一定会实现。

乡村旅游的高质量发展必然要走绿色之路，实现绿色发展。这要求乡村旅游的产业体系是绿色低碳的、乡村旅游的开发手段是生态化的、乡村旅游的资源环境基础要具有原真性和生态性。乡村旅游的资源环境基础的原真性和生态性一方面要求乡村的生态环境必须是良好的，而不应该是遭到破坏或者尚未修复的；另一方面也要求乡村具有较好的居住条件和环境，因为游客往往要到真实的乡村生活中感受乡愁、乡情。因此，乡村旅游的资源环境基础具有原真性和生态性，必然要求良好的乡村环境。乡村旅游开发手段不能以牺牲生态环境和资源为代价，需要走可持续发展的道路，这要求在此过程中秉承绿色发展的理念，采用保护性的开发手段，在经营内容选择、经营范围确定的过程中以生态化为总要求，在乡村旅游过程中实现绿色开发、绿色运营。总之，乡村旅游的开发结果必然是对乡村环境的再造和保护。

乡村旅游高质量发展不仅包括经济的高质量发展，还包含文化产业的高质量发展。乡村旅游的开发过程中，文化产业的高质量主要体现在三个方面。一是乡村旅游的产业体系必须包含可以避免同质化现象出现的文化产业，因为各地的文化习俗、民间文化不同，从而孕育出独特的人文景观和乡土风情。发展乡村旅游需要传承、保护和弘扬这些独特、优秀的民间文化和习俗。这种传承和弘扬的过程便是村民接受文化洗礼的再教育过程，有利于养成淳朴、勤劳的民风，进而正向影响乡村风貌。二是乡村旅游的产业效益的提升需要提升游客满意度。为了实现乡村旅游的高效益产出，乡村居民会提升自己的文化水平、受教育水平和职业技能素养，从而在乡村旅游的众多场景中为游客提供更为优质的服务，同时有效地缓解当地居民与外来游客之间的矛盾，在整个乡村中打造和谐、文明的乡村风气。三是乡村旅游高质量发展中所蕴含的新时代的奋斗精神和图景愿望是一个时代的标志，在未来也必将形成独特的文化精神，为乡村发展和建设、为乡村振兴提供源源不断的内生动力和精神支撑。因此，乡村旅游高质量发展对形成文明乡风、建设文明乡村具有重要意义。

治理有效是乡村旅游高质量发展的必然要求。乡村旅游高质量发展要实现生态、文化和经济效益，三重效益的实现有利于激发乡村居民的积极性，提升村民生活的满意度，在根本上减少或消除村民之间、村民与政府或村集体之间的矛盾，有利于建立和谐的乡村秩序。乡村旅游在发展过程中，村集体、村委会乃至地方政府与社会资本将形成合力，在促成高质量发展的过程中，村民的利益（包括在经营、分配以及生态环境方面享有的权利）可以得到有效的保障，乡村居民间的攀比心理会减弱，从而有效预防和化解乡村旅游中可能存在的隐性和显性冲突，有利于推动乡村的有效治理。

生活富裕是乡村旅游高质量发展的必然结果。高质量发展不仅是发展过程的高质量，也是发展结果的高质量，这种发展结果主要体现在人民能享受到发展的红利。乡村旅游的高质量发展带来产业兴旺，产业兴旺意味着红利的增加。一方面，村民可以通过村集体获得分配收入；另一方面，随着产业体系的完善和村民素质的提升，乡村旅游可为村民提供的大量就业岗位，也为村民增收提供支持。此外，村民还可以通过个体经营，比如民宿、酒家、农家乐等形式提高收入，达到生活富裕的目标。

习近平总书记2021年3月7日在参加十三届全国人大四次会议青海代表团审议时强调，要推进城乡区域协调发展，全面实施乡村振兴战略，实现巩固拓展脱贫攻坚成果同乡村振兴有效衔接，改善城乡居民生产生活条件，加强农村人居环境整治，培育文明乡风，建设美丽宜人、业兴人和的社会主义新乡村。实现习近平总书记的期盼，推动乡村产业振兴、实现产业的绿色发展，构建现代化的绿色产业体系，推动三大产业有机融合、生态化运作，要积极践行"绿水青山就是金山银山"理念，坚持人与自然和谐共生，构建生产和生态的良性循环的绿色之美，真正让乡村振兴走出一条生产发展、生活富裕、生态良好的文明发展道路。

2.1.1.2 共同富裕

1. 共同富裕的相关研究

一是共同富裕的概念。早在1953年12月，毛泽东提出了"共同富裕"的概念，要使农民能够逐步完全摆脱贫困的状况而取得共同富裕和普遍繁荣的生活。邓小平继承了毛泽东的共同富裕思想，并将其提升到社会主义本质的高度，在1992年南方谈话中提出共同富裕的构想：一部分地区有条件先发展起来，一部分地区发展慢点，先发展起来的地区带动后发展的地区，最终达到共同富裕。2021年3月，《中华人民共和国国民经济和社会发展第十四个五年规划和2035年远景目标纲要》强调实现全体人民共同富裕。2021年11月，党的十九届六中全会审议通过的《中共中央关于党的百年奋斗重大成就和历史经验的决议》提出"明确新时代我国社会主要矛盾是人民日益增长的美好生活需要和不平衡不充分的发展之间的矛盾，必须坚持以人民为中心的发展思想，发展全过程人民民主，推动人的全面发展、全体人民共同富裕取得更为明显的实质性进展"。了解共同富裕需要把握以下几点：第一，想要实现共同富裕，必须认识到实现共同富裕的过程是高质量发展的过程，是实现全体人民共同富裕；第二，共同富裕中的"共同"和"富裕"都是必然要求，不仅要实现总量的社会财富积累，还要能实现社会财富的公平分配，能够让全体劳动人民都能享受共同富裕带来的成果；第三，共同富裕不是每个人的绝对富裕，不可能是毫无差异的，共同富裕并不代表每个人拥有的财富数量完全相同，而是根据现实条件允许将差距控制在一定的合理范围；第四，实现共同富裕的过程必然不是一蹴而就的，必须经过全体人民的共同努力，而在实现过程中，必然有先富和后富两种情况出现，必须合理把握先后富裕的关系，从而实现最终的共同富裕。

二是共同富裕的评价体系。目前，对共同富裕的评价围绕内涵要求和主要目标展开，通常分解为"共同"和"富裕"两大指标。"共同"是通过缩小经济发展水平差距、缩小居民收入水平差距以及共享发展成果等方面衡量；"富裕"是通过总体富裕程度、中等收入群体的比重、精神生活与物质生活的协调性等指标进行衡量。很少有学者从生态的角度探索共同富裕的评价方法，虽然有学者从生态角度研究共同富裕，但是目前提出的指标比较笼统。生态产业在共同富裕中处于什么地位，如何通过生态产业化的手段丰富共同富裕的内涵，通过发展生态产业实现共同富裕的驱动机制和实践路径是"什么"等问题尚未解决。

三是共同富裕的实现机制。国内研究共同富裕实现机制始于21世纪初，研究成果集中于从市场分配机制、政府分配机制、社会保障与救助机制三个层次展开，争论实现共同富裕应以人力资本的培养为核心还是以制度的综合建设为核心；从经济社会发展、制度保障、分享经济运行、调节、伦理道德五个方面构建实现机制，基于系统论分析从自组织和他组织两种视角开展，划分为总体实现机制与具体实现机制等。很少有学者探索乡村共同富裕的实现机制，特别是基于高质量发展基础研究促进实现乡村共同富裕机制的更是少见。高质量发展在乡村实现共同富裕中起到什么作用，如何通过高质量发展推动乡村共同富裕及实现机制是什么等问题尚未解决。为弥补这一不足，本书在高质量发展的基础之上，明确高质量发展对于共同富裕的重要意义，阐述乡村共同富裕的机制。

促进共同富裕，最艰巨最繁重的任务仍然在农村。因此，无论是基于我国社会发展的现实和要求，还是学术研究的需要，学界对共同富裕的关注重点都不断向乡村靠拢。在现有的研究阶段下，学者们对乡村的共同富裕基本形成了一致观点，即乡村共同富裕指的是在我国乡村推行共同富裕，可以通过产业兴旺、可持续增收、解决资源财富分配不均、构建社会保障机制、有机联系"内生动力"和"外生拉力"来实现。在我国乡村需要稳步推进产业的发展，注重对农民的有效帮扶，并加强对农村弱势群体的关注，通过积极有效的措施实现乡村共同富裕的目标。随着共同富裕在国家战略中的地位越来越重要，解决好"三农"问题、实现乡村振兴是党和国家工作的重点所在。乡村的土地、河流以及林木等资源相对城区来说有着天然优势，而且这些生态资源在乡村具有共有、共享的本质属性。如何挖掘乡村资源，利用好生态环境，在把握生态环境的公有性、共享性的基础上，破解共同富裕的难点，已成为实现乡村共同富裕急需解决的难题。在这种社会背景下，发展乡村旅游为乡村实现共同富裕提供了破解思路，国内现有的地区实践案例也为乡村实现共同富裕提供了借鉴经验。

2. 乡村旅游高质量发展与共同富裕的内在一致性

在社会发展中，共同富裕意味着乡村和城市的发展差距缩小，乡村居民和城市居民不存在贫富差距，都能达到富裕水平，且这种富裕水平在新时代中包含了物质和精神的双重富裕，是高质量发展过程和发展结果的外化表现。因此，乡村旅游高质量发展与实现乡村人民的共同富裕具有内在的一致性。乡村旅游的高质量发展包含了共同富裕的物质财富和精神成果的高质量，体现在以下两个方面。

第一，乡村旅游的高质量发展包含了乡村旅游产业的高质量发展。在产业高质量发展的过程中，绿色低碳技术得到广泛应用，产业价值链得到巩固，尤其在面临重大风险或者危机时，其体现出强大的柔性抗风险能力，这种既低碳环保又带有危机防范化解能力的乡村旅游产业链具有可以持续性发展的能力。同时，乡村旅游的产业链在深化发展过程中，在具有发展农业条件的乡村，可以与现代化农业体系相衔接，建立起现代化农业和旅游业的产业融合体系，这种产业融合体系与乡村其他产业、城市的大型制造业以及新型的技术密集型产业形成互补合作关系。随着这种合作关系的深入，城乡的二元结构不断被打破，城市与乡村之间由于产业层面上的合作与交流。使得人、财、物等在城乡之间充分流通，大量资本要素流入乡村，增加了乡村的财富积累。在社会主义公有制的国情背景下，由于村集体的存在，乡村的财富能够充分在乡村村民之间实现共有共享，从而使得乡村居民与城市居民的物质生活水平差距不断缩小，同时也缩小了乡村居民之间的物质生活水平的差距。此外，乡村旅游的产业体系构建也为农村创造了大量的就业岗位，使得村民能够实现在家门口就业，在以按劳分配为主体、多种分配制度并存的社会主义市场经济分配制度下，村民通过在乡村旅游中踏踏实实地工作得到物质报酬，提升了自己的收入。因此，乡村旅游高质量发展本身就是为乡村创造物质财富的过程，也是实现物质财富在村民之间共享的过程。

第二，乡村旅游高质量发展的深层次支撑是乡村旅游资源的高质量，这种高质量的旅游资源不仅包含了良好的生态环境，同时包含了独特的乡村文化，这种文化的实质就是包含乡村民俗、历史文化、精神风貌等在内的一系列内容的总和。乡村旅游高质量发展过程中,侧重于对文化的保护、传承与开发。一是对传统文化的继承和发展,深入挖掘地方的民俗特色,整理地方志,发扬优秀的经典民俗,开展民俗活动、民俗文化节等,从而吸引游客参与。二是促进新时代文明风尚的形成,把农村的淳朴、勤劳等传统风尚与新时代的奋斗场景相结合,弘扬良好的家教家风,从而增强旅游目的地的文化感染力和感召力,拉近与游客之间的距离,增强游客的文化认同感,唤起乡愁、乡情。另外,从文化教育的角度来看,改善乡村旅游高质量发展与改善乡村教育是一个相互支撑的过程,旅游的高质量发展为乡村教育提供了更为优良的物质支撑,而乡村教育的提升有利于乡村居民的文化素养、旅游职业素养的提升,进而可以为乡村旅游的游客提供更高品质的服务。因此,在整个乡村旅游高质量发展进程中,传统文化和新时代文化的传承、塑造本身就是全体村民参与的过程,这也是另一种形式的文化惠民,实现了精神财富在村民之间共有共享。

2.1.2 "两山理论"与乡村旅游高质量发展的契合性研究

实现乡村经济、社会、文化、生态振兴的逻辑和机制与乡村旅游的高质量发展的目标要求基本一致。因此,"两山理论"在乡村的实践与乡村旅游高质量发展具有内在契合性,能为乡村旅游的高质量发展提供价值遵循和路径指导。

2.1.2.1 催生共同富裕的目标一致性

与乡村旅游高质量发展的结果相同,"两山理论"具有催生共同富裕的潜质。

1. "两山理论"下的广义财富观

从绿水青山到金山银山的转变是生态资源变为生态资产、生态资产变为生态资本的过程。同样地,文化资源也可以依此实现转化。"两山理论"通过发掘和实现自然资源、文化资源的经济价值产生了广义的财富,广义的财富不仅是经济上的货币价值,而且包含了生态、文化、社会层面的效益,即优质的经济结构和经济产出、良好的自然和人居环境、发展繁荣的历史人文、和谐有序的社会治理。落在乡村层面上,这种广义的财富观主要指的是延伸意义上的"金山银山",是一种和谐共生的综合富裕:产业兴旺、生活富裕;乡村自然环境改善、生态宜居;乡村文化革故鼎新、乡风文明;乡村秩序和谐、治理有效。

2. "两山理论"催生共同富裕的内在机理

在"两山理论"的指导下，生态资源的开发是发展包括乡村旅游在内的起点，因此，乡村生态振兴的原有资源是催生共同富裕的内在基础。第一，绿水青山向金山银山转化的过程就是自然资源成为具有明确经济价值的生态资产，可以通过产业化开发实现增值，增值的过程就是"两山理论"中实现财富积累的过程。第二，在我国社会主义公有制的前提下，我国的乡村自然资源为集体共有，集体的公有制保障使得自然资源变为资产、资本，其产生的效益为乡村居民共享。第三，自然生态、乡村文化本身就是普惠、公平的资源，自然资源本身就是一种有形的财富，文化资源是一种无形的财富，自然资源本身带有的自然属性决定了其由全体人民共享，而文化资源在形成的过程中更是由全体劳动人民共创的，其形成的良好教化、乡风习俗也自然由全体村民共有共享。综上来看，"两山理论"也为共同富裕的实现提供了基本的价值遵循。

在践行"两山理论"发展乡村旅游时，其核心就是要构建乡村旅游的绿色产业体系，而这种产业体系的构建就是催生共同富裕的方法动力，且主要体现下以下三个方面。一是以合作社为代表的新型经营主体的培育，既保证了共有共享的实现，也有效推动了产业化的发展。二是在绿色发展的过程中，由于进行了生态产业化和产业生态化，保证了生产经营的可持续性，弱化了产业生命周期特征，为产出效益提供了长期保障。三是绿色产业体系在形成和延伸的过程中，由于地理因素和空间溢出效应的存在，促进了城乡融合发展、区域协调发展。乡村旅游高质量发展会带来多方面的红利，这种综合的产出效益是对标共同富裕评价体系的必然成果。除产业经济利润的分红之外，乡土文化的传承对产业利益相关者各方都具有感化和滋养的实用性功能，为社会治理提供了动力。

2.1.2.2 实现乡村振兴的成果契合性

如何切实做好巩固拓展脱贫攻坚成果同乡村振兴有效衔接的各项工作，让脱贫基础更加稳固、成效更可持续，成为新阶段摆在全党、全社会的重要任务。在习近平新时代中国特色社会主义思想的指导下，我国不断加强引导和扶持各地方政府实施乡村振兴战略，党和政府致力于实现乡村绿色、可持续发展，实现人民共同富裕、生活幸福。新时代以"两山理论"为指导，推动绿色发展，建立现代化经济体系，是实现高质量发展的重要途径。因此，"两山理论"指导下的乡村将走出一条具有中国特色的乡村振兴之路。

1. 乡村产业振兴

"绿水青山就是金山银山"的思想指明了生态资源就是生产力，生态资源可以转化为经济效益，生态保护与经济发展不是相互矛盾的，而是相辅相成的，可以相互转化。新时代下实现乡村产业振兴要摒弃传统的发展模式，要运用绿色发展的思维方式，走绿色发展道路，"两山理论"对乡村产业的高质量发展具有重大意义。

"两山理论"有利于乡村产业实现绿色振兴。乡村的振兴除了需要政策的支持外，关键还是要有促进发展的内生动力，要积极促进农业经济的转型升级，不断提高农业的现代化水平，推动农村三产融合发展。而"两山理论"的提出，为农村的发展提供了生产力发展的新思路。在"两山理论"的指导下，生态资源作为生产力的重要组成部分将成为乡村产业振兴的重要资产，生态资源的合理开发、利用和再保护将成为乡村产业振兴的重要发展模式之一，生态优势转化为经济优势，实现生态资源的保值增值。在推动乡村产业振兴的过程中，"两山理论"中的"既要绿水青山，也要金山银山"表明，我们要在发展过程中正确处理经济发展与生态保护的关系；"宁要绿水青山，不要金山银山"强调了生态环保的重要性，必须坚持资源节约和环境保护的基本国策，坚持可持续发展，推动转变经济发展方式，践行新发展理念；而"绿水青山就是金山银山"的生态思想为如何实现绿色发展、实现人与自然和谐共生提供了指导，促进构建绿色经济体系。

"两山理论"有利于乡村产业实现高效振兴。"两山理论"下的绿水青山的概念在乡村振兴中可以延伸至乡村的文化资源，在"两山理论"的指导下，文化资源作为文化生产力，通过产业化的运营开发实现保值增值，创造经济效益。首先，在推动乡村文化生产力与生态环境资源融合的过程中，不断深入挖掘乡村的文化资源，弘扬民俗文化是对乡村文化产业内核的丰富和发展。其次，在践行"两山理论"的过程中，不断加强对乡村生态文明的建设，弘扬社会主义核心价值观，在实现乡村振兴过程中所形成的具有当地特色的人文气息、精神风貌和社会正气都将内化为乡村产业的组织文化，为乡村产业振兴提供精神给养。最后，在"两山理论"的总体要求和指导下，乡村产业在发展过程中要以创新作为第一动力，通过高新技术、绿色技术为产业赋能，提高全要素生产率，实现乡村产业体系的高效运行、发展。

"两山理论"有利于乡村产业实现永续兴旺。"金山银山"的实现在任何时代都离不开"绿水青山",在乡村振兴的道路上,需要使绿水青山源源不断地转化为金山银山。"两山理论"的实质是人与自然的和谐相处,确保可持续发展的实现。生态资源的资本化运行提升农业绿色化、现代化水平,延长产业链,生态资源得以持续有效地利用和保护,可再生资源充分发挥效用,构建持续发展的生态产业体系。在乡村产业振兴的过程中,要推动能源清洁低碳的安全高效利用,通过数智赋能,全面提高资源利用效率,推进资源总量管理、科学配置、全面节约、循环利用,使新旧动能转换实现阶梯性前进。实现绿水青山向金山银山的转化需要人才的支撑,需要广大群众的支持和参与。以生态文明思想武装头脑,产业员工和村民能够为乡村产业的持续发展提供有力支撑。"两山理论"下的乡村产业的绿色发展,使资源、动力、运营都实现了低碳、循环、可持续,从而促进乡村产业的永续兴旺。

2. 乡村生态振兴

"两山理论"除了包含生态资源的保护性开发和利用之外,还包含资源节约和环境友好。在践行"两山理论"的过程中,政府作为引导性主体,为农村发展乡村旅游进行合理规划布局,树立生态标准并进行工作部署。政府对生态环境和资源开发保护具有更为深刻的理解,发展绿色乡村旅游是旅游产业发展方向的首选。"宁要绿水青山,不要金山银山"的指导思想要求在发展乡村产业的过程中要把生态放在首位,不仅要开发利用自然资源,更要保护环境、节约资源,并对已经遭受破坏的生态环境进行修复。因此,在开发过程中,营造良好的生态环境成为乡村产业发展之必然。绿色化的产业开发,不仅为农村带来了经济效益,创造了经济上的动力,而且为乡村生态环境的修复和保护提供了源源不断的资金,为生态环境保护提供支撑。在此背景下,居民生活的自然环境质量不断提升,人居生活环境不断改善,比如垃圾回收、污水处理、废物循环利用等,从整体上保证了乡村人居环境的高质量,实现了乡村的生态振兴。

3. 乡村文化振兴

乡风是乡村整体风貌、文化的总称,代表了乡村精神文明的发展程度,其受到多个方面因素的影响:一是居民的受教育水平,二是当地的民俗文化,三是与其他参与者的关系。第一,拓展意义上的"两山理论"包含了对文化资源的生态化和产业化的保护与开发利用,因此,在"两山理论"的意蕴下,当地的文化资源要转变为文化相关产业。而从文化资源向文化产业的过渡需要以下前提，即当地不仅要有独特的文化资源，比如乡村民俗、历史渊源、名人轶事、古代建筑等，还要求对其进行有序的传承和保护。这种文化资源的传承与保护需要政府引导支持，民间乡贤或传承人积极参与，重点是在全体村民的参与下共同完成。政府在支持引导的过程中，开展丰富多样的文化活动，组织科学严谨的学术研究以及深入人心的文化宣传，在全民参与文化传承的过程中，优秀的传统文化、人文精神将在乡村传播、弘扬，进而生根发芽。第二，"两山理论"的践行，必然是新时代新型产业化的经营，没有旧例可循，需要先进的文化知识，也需要艰苦奋斗的开拓精神，因此，在此过程中，在政府帮扶政策的支持下，包括村民在内的参与人员都将在生产经营中提升自己的技能素养、科学知识。同样地，在践行"两山理论"的致富道路上，村民的奋斗经历、进取精神也将谱写新时代的精神风貌，塑造新的文明风尚。第三，在生态化的产业发展实现良好的经济效益后，必然会反哺当地教育，从而在根本上提升教育水平，提高人民的科学文化素养。因此，在当地优秀传统文化的滋润熏陶下，在现代化的教育培训过程中，全体村民的文化和道德素养将普遍提升。在发展乡村旅游过程中，会有大范围外来人员参与到乡村产业发展中，这种主客矛盾伴随当地文化水平和道德素养的提升，将会大大减少甚至消失，形成高水平的主客关系、乡村旅游秩序。

4. 乡村组织振兴

"两山理论"下的农村产业开发，根据国家政策与现实要求，一般是通过培育新型农村经营主体的形式进行。而新型的产业经营主体则对乡村的组织形式产生新的要求，尤其在推广以村集体为主体的运营模式下，代表村集体的合作社起到关键作用。没有村集体组织的村庄组建起合作社，通过合作社的形式将村民力量凝聚起来。更重要的是，在合作社内部，村民可以自由表达建议和意见，公平地参与到组织建设中来。因此，合作社的成立能够对村民形成软约束，也能起到激励作用，从而促进整个乡村的有效治理。而在乡村合作社中担任理事长等职务的大多为村干部或村乡贤，他们在合作社中的管理表现有利于提升他们的综合治理能力。此外，乡村秩序往往与乡村的经济基础有密切关系，乡村产业的蓬勃发展为乡村治理提供经济保障，有利于从多方面提升乡村的治理水平。

5. 乡村人才振兴

"两山理论"要求实现绿色发展,实现生态产业化和产业生态化,需要新知识新技术,必然为人才的引进提供就业需求和对应岗位,这为乡村人才振兴提供了根本保证。乡村产业的绿色发展过程中,政府和村集体将对村民进行岗前培训或者职业技术教育,从而提升村民的生产经营能力和科学知识水平,为践行"两山理论"提供技术支撑。更为重要的是,随着"两山理论"的不断成功实践,将会吸引大量有着专业知识和雄心抱负的青年人、知识分子参与到乡村振兴中来,从而为乡村振兴提供不竭动力,实现乡村的人才振兴。

综上可知,"两山理论"与乡村旅游高质量发展具有逻辑上的内在一致性。"两山理论"催生共同富裕、推动乡村振兴的机制逻辑与乡村旅游高质量发展的实现是整体与部分的关系,基于推进乡村振兴的发展现实和实现共同富裕的目标要求,其对乡村旅游高质量发展的实现具有重要指导意义。

2.2 "两山理论"下的乡村旅游高质量发展

2.2.1 "两山理论"下乡村旅游高质量发展的资源观

"两山理论"所蕴含的生态价值观不仅是对自然资源价值的延伸和阐释,同时也是对文化资源的进一步剖析和拓展。"两山理论"对乡村旅游的自然资源和文化资源进行了重新定义。

2.2.1.1 "两山理论"下的生态资源资本化

就自然资源来说,传统意义上的乡村旅游的自然资源笼统地定义了自然资源包含的自然要素,没有进行价值上的衡量核算,并不能形成真正意义上的生态资产。"两山理论"作为乡村旅游的指导理念,其实践路径是产业生态化和生态产业化的协同发展,生态产业化的实现重点在广大乡村,而乡村旅游正是实现生态产业化的重要机制。生态产业化要求将资源优势转化为经济优势,最主要的就是要将生态资源的经济价值挖掘出来,然后将其运营变现。其过程就是对自然资源进行确权核算,初步对其所蕴含的经济价值进行衡量和估算，将其作为一项具有经济价值的资产，这就实现了生态资源向生态资产的转化。将这些自然资源作为原始资产进行投资，通过企业化的运营和市场化的交易，这些生态资产就可以实现保值增值，从而顺利完成生态资产向生态资本的转化。在整个的运营和交易中，随着投入的生产要素的增加和产业链的延伸，生态资源的价值将会不断扩大。

2.2.1.2 "两山理论"下的文化资源资本化

就文化资源来说，乡村文化旅游资源主要包括乡村民俗文化、民风民情和地域性文化。在"绿水青山"向"金山银山"转化的过程中，作为乡村旅游发展的根基与命脉的"绿水青山"不仅是简单良好的乡村生态，而且包含了乡村文化景观或者乡村性。有学者明确提出从资源消耗性的本质上，文化资源和自然资源具有相同的根植性属性（齐骥，2019）。文化的孕育如同现实存在的绿水青山，是在长期赖以生存的土壤环境、生态聚落和自然演进中形成的。在"绿水青山就是金山银山"的生态观念下，乡村文化资源便如同生态资源一样，可以通过保护性的开发利用实现传承、弘扬，并带来一定程度上的经济价值。

在"两山理论"的指导下，乡村旅游文化资源资本化过程主要包含以下内容。首先，需要充分认识乡村文化资源中所蕴含的经济价值和社会价值，且在文旅融合的背景下，文化资源可以通过旅游产业实现经济价值创造。其次，将文化资源进行投资运营，这主要包含三个方面：民俗文化节、特色文化知识产权、文化景观参观。民俗文化节就是将一些传统民俗活动或者节日庆祝活动演变为节庆经济，吸引村民传承文化、参与文娱生活的同时带动消费者的消费；特色文化知识产权的打造可以开发文创产品、数字化场景体验等，刺激年轻人旅游消费；文化景观参观则主要为乡村文化景观的游览和观赏。在文化资源的产业运营过程中，民俗文化被传承、精神内核被深入挖掘、文化景观被有效保护，其社会价值得到实现。

因此，本书认为，"两山理论"对乡村旅游资源的内在含义进行重构，打破了原始意义上生态和文化的界限，即将乡村具有经济价值的文化资源与自然资源作为乡村旅游的发展基础——"绿水青山"，构建以"绿水青山"为原始要素的生态和经济发展新模式。"两山理论"下的高质量乡村旅游资源要求开发乡村旅游必须首先赋予乡村生态资源和文化资源以明确的经济价值，以造福当地村民。因此，高质量乡村旅游资源的第一重含义是其具有在可持续利用的前提下催生共同富裕的特质,第二重含义是高质量的乡村旅游的资源基础要具有生态功能和社会功能。由此可知,"两山理论"下开发乡村旅游的资源具有满足当地村民对美好生活需要的潜在特质。

2.2.2 "两山理论"下乡村旅游高质量发展的产业观

在实践"两山理论"的过程中,以生态化的手段对生态资源和文化资源进行资源整合利用、开发,乡村旅游产业将突破时空限制,而且其在时间上的发展将对其空间特征产生影响,主要表现在以下两个方面。

2.2.2.1 乡村旅游产业发展的可持续

基于可持续发展的乡村旅游的产业发展方向以及生态产业化和产业生态化的产业发展模式,乡村旅游产业的生命周期特征将被逐渐弱化,实现长期的稳定发展。其主要原因来自两个方面,一是在生态产业化和产业生态化的过程中,产业化的运营创造了生产价值,在生态资源向生态资本转化的过程中,产品和服务不断增值,使得参与的各方主体都能获得利润,并取得长期合作与共存,而在此过程中产生的资本红利将重新反作用于乡村旅游产业,从而实现产品与服务生产的可持续;二是由于生态化的开发和运营,各种自然环境和生态资源得到保护性开发,使得已经遭受破坏的环境得到治理,生态资源和自然环境在乡村旅游产业中实现永续存在,继而实现了生态资源与人的和谐共生,达到了乡村旅游资源可持续的发展目标。因此,在"两山理论"的指导下,乡村旅游产业在生产经营、资源基础两个方面可实现产业自身的长期发展。

2.2.2.2 乡村旅游产业链的形成和延伸

随着时间的推移,由于地理因素和空间溢出效应的存在,乡村文化地域性和自然环境相似性逐渐出现产业互补趋势,规模效应显著,形成集中连片的乡村旅游产业融合体系。"两山理论"的实践路径是产业生态化和生态产业化协同发展。通过产业生态化,按照"绿色、循环、低碳"的产业发展要求,对旅游及相关产业进行生态化改造,推动产业转型升级;通过生态产业化,对乡村的山水林田湖草等生态资源进行资本化、产业化开发,为社会带来更大的经济效益和生态效益,保证生态资源的完整性和良性循环。在"两山理论"的影响下,乡村旅游产业链供给侧和消费端发生变革,乡村旅游产业链首先从供需两端开始发生变化；在供需变化的影响下，作为乡村旅游载体的企业链也发生变化，核心产品企业、配套企业和生产要素企业等逐步实现产业生态化；供需链和企业链的形成促使乡村旅游业在空间上产生不同形式的集聚，产业空间布局不断优化；乡村旅游企业链和空间链发展到一定程度时，又反作用于供需链，使得产业链开始新的升级，实现产业链增值。

在产业链增值的过程中，直接作用于以土壤为代表的生态资源上的农业，既扮演着旅游产业体系的景区角色，又实现了清洁、高效生产，实现了与旅游产业在资金、生态上的要素流动，现代化的生态农业产业体系与乡村旅游产业体系相互交织。绿色技术的研发及应用作为单独的产业个体出现，在"两山理论"的总要求下不断发展壮大，辐射服务于区域产业体系。"两山理论"对乡村旅游产业的利益相关者的目标价值进行了整合，追求经济利益的第三方企业或投资者在乡村旅游产业运营中实现了保护生态和文化的社会责任。当地村民不仅致富成功，而且自觉地成为乡村文化传承者以及良好生态环境营造者。地方政府由践行"两山理论"的引导者和乡村旅游产业开发的"搭台人"转变为乡村振兴的推动者、社会治理的设计者。

因此，"两山理论"下乡村旅游产业具有高质量的供给，引领和创造了旅游消费需求，具有绿色的运营模式和高效、可持续的增长方式，实现了长期、均衡、协调发展，更好地融入国内市场。

2.2.3 "两山理论"下乡村旅游高质量发展的效益观

2.2.3.1 社会效益

"两山理论"下的乡村旅游实现了高质量发展，获得了良好的经济效益。随着村集体收入和村民收入的提升，乡村生活质量和乡村居民的满意度都得到提升，在物质层面减少了乡村的矛盾积累与冲突的产生。"两山理论"的实践还为乡村文化生活的丰富、文明乡风的塑造提供了保障，在淳朴民风和精神文明的熏陶下，村民与政府之间、村民之间、村民与企业之间、村民与游客之间的矛盾得到有效的防范和化解。因此，在"两山理论"的指导下，发展乡村旅游的乡村治理基础和治理水平得到有效提升，为乡村的可持续发展创造了社会效益。

2.2.3.2 经济效益

"两山理论"指导下的乡村旅游产业开发以生态资源的资产化为起点，

通过前期的核算确权，通过新型的经营主体如"企业＋合作社""企业＋合作社＋村民"等进行开发运营，从而使得企业的管理经验、先进技术、人才资金等与乡村的生态资源相结合，实现优势互补。而乡村以合作社的形式形成了集体经济和代表，从而保障了全体村民的利益。此外，在乡村旅游产业开发运营的过程中，横向和纵向的产业不断深化延伸，实现产业链增值，并最终构建起乡村旅游的绿色产业体系。因此，在新型的组织主体、生态化和产业化的运营模式下，乡村中原有的生态资源被盘活，发挥出最大优势，实现了产业兴旺。而乡村旅游产业的发展，不仅拉动了集体经济，还催生了新的就业岗位，带动村民就业增收致富。

2.2.3.3　生态效益

"两山理论"为乡村旅游实现民生福祉增添新内涵。开发乡村旅游，不仅可以实现产业兴旺、生活富裕，还可以实现生态、文化效益，进而实现乡村振兴，提升农民幸福感。在"两山理论"指导下的乡村旅游的实践，以环境保护、文化传承、经济发展为主要目标，注重发展绿色旅游产业。当经济发展与生态保护发生无法调和的矛盾时，必须毫不犹豫地把保护生态放在首位，贯彻"宁要绿水青山，不要金山银山"的原则。因此，"两山理论"指导下的乡村旅游维护了广大人民享受"绿水青山"的权利，把良好的生态环境和乡村文化作为乡村旅游为民谋福祉的落脚点之一。

2.2.3.4　文化效益

"两山理论"为当地居民、游客提供精神滋养、教化和满足，进而成为社会治理的软动力。"两山理论"把"绿水青山"置于首要位置，"绿水青山"强调了资源的原生态或"原真性"，这种"原真性"体现在生态环境的原始性、农耕文化的纯朴性、乡村景观的独特性。远离城市喧嚣、渴望乡村、心怀乡愁的游客在乡村旅游的"原真性"中获得精神体验和满足，并通过乡村旅游实现一定程度上的自身发展、心灵塑造。"绿水青山"的"原真性"是具有乡村特色的文化资源延续保留的内在要求，这种蕴含着淳朴、善良、勤劳、守正、和谐精神的乡村文化本身对村民富有教化、感召的力量，其本身的价值性、道德性和精神性功能有助于进一步实现乡风文明。此外，"两山理论"中所强调的"原真性"对主客双方都具有感化和滋养的实用性功能，并能有效地缓解乡村旅游发展中的主客冲突，为乡村治理提供动力。总的来说，

"两山理论"下的乡村旅游高质量发展不仅满足了相关主体的不同诉求,助力乡村振兴、共同富裕的实现,也成为推动经济、生态、文化和社会全面可持续发展的重要因素。

2.2.4 基于"两山理论"的乡村旅游高质量发展特征

高质量发展,就是能够很好满足人民日益增长的美好生活需要的发展,是体现新发展理念的发展,是创新成为第一动力、协调成为内生特点、绿色成为普遍形态、开放成为必由之路、共享成为根本目的的发展。新发展理念是乡村旅游高质量发展的根本遵循,"两山理论"是新发展理念的重要实践理论,新发展理念是"两山理论"实践的潜在彰显。因此,"两山理论"下的乡村旅游高质量发展特征也必然要体现新发展理念的五个方面。

2.2.4.1 以创新引领乡村旅游高质量发展

基于"两山理论",乡村旅游高质量发展中的创新包含了政策创新、管理创新、技术创新。第一,政策创新要体现绿色发展和乡村振兴两个层次,摒弃以牺牲环境换取经济快速发展的发展方式,立足民生,深化改革,为乡村旅游的高质量发展提供宏观层面上的支持。第二,乡村旅游的运营和管理模式的创新,包含生产、销售、经营、人力等方面的创新。第三,技术创新包含以低碳、循环、清洁能源开发等为代表的绿色技术,而以测量、核算自然资源的地理信息技术为代表的资源数字化技术,广泛应用于乡村旅游产业中,提高了全要素生产率,清洁能源、高新技术成为"绿水青山"向"金山银山"转化的主要驱动力,进而有力推动乡村振兴和共同富裕的实现。

2.2.4.2 以协调发展为乡村旅游高质量发展的内生特点

供给与需求应协调发展。随着我国经济的持续发展,人均可支配收入不断提高,人们对于旅游中获得的情感、精神的体验和满足以及绿色生态、绿色产品的需求不断提高。在"两山理论"指导下,从供给侧发力,以绿色供给为着眼点,以生态赋能、科技赋能助力乡村旅游产业链实现高质量供给,打造和推广绿色旅游、农产品品牌,利用网络、交通打通堵点,形成"需求牵引供给、供给创造需求"的高质量动态平衡。

生态、经济、文化和农业等行业应协调发展。乡村旅游的"绿水青山"

有了新的内涵，文化、生态、农业都是构成原始资源基础的一部分，在文化、生态、农业的开发过程中，乡村文化得以传承和发扬，生态环境和资源得以保护，农业走向现代化，乡村旅游的经济附加值得到提高。由此，乡村旅游的资源从自然景观到农业生产，从民俗风情到文化产业，旅游产业的范围不断扩大，相关的金融、交通、建筑、通讯、物流、轻工业等配套产业嵌套在乡村旅游的产业链上，共享以乡村旅游为龙头所开拓的广阔消费市场。

2.2.4.3　以绿色发展为乡村旅游高质量发展的普遍形态

绿色发展要成为乡村产业、乡村容貌、乡村生活、乡村文化的一部分，同时要成为政府、企业和乡村集体工作中的重要着力点。政府积极参与生态管理，企业培育绿色企业文化、实现模式，乡村践行绿色生产生活方式，在三方的共同努力下，乡村旅游将走好绿色发展的道路，生态管理、绿色企业文化、绿色生产生活方式将有效实现乡村治理。尤其在整个乡村旅游的产业体系中，绿色不仅是驱动力之一，也是贯穿产业体系的普遍形态，让经营者、生产者、消费者都能认同、践行、感受。

2.2.4.4　以开放为乡村旅游高质量发展的必由之路

乡村主要分布在城市边缘地带，城市与城市往往以乡村为界，但这恰恰使乡村有机会成为不同城市实现沟通交流、相互合作的交互空间。乡村旅游高质量发展，必然要以开放发展为必由之路：应建立发展保障机制，促进各类资本在城市和乡村之间流动，推动城乡融合；要抓住区位优势，通过产业融合实现相邻城市的产业合作，推动区域协调发展；通过品牌推广、产业延伸等方式，吸引更多的消费者、投资者成为乡村旅游产业链的要素之一，并以此拉动产业升级、经济发展，最终，区域、城乡发展的差距缩小，为实现城乡共同富裕、乡村共同富裕提供持续推动力。

2.2.4.5　以共享为乡村旅游高质量发展的根本目标

"绿水青山"的转化需要市场化的手段，企业、村集体以及参与到乡村旅游产业中的村民都是乡村旅游的利益相关者，乡村旅游实现高质量发展需要满足各利益主体经济上的诉求，这也是旅游产业能持续经营的动力之一。此外，通过践行"两山理论"而实现的良好生态环境是最公平的公共产品，是最普惠的民生福祉。从乡村振兴的角度来说，在"两山理论"的指导下，乡村旅游的高质量发展能够有效促进三大产业融合，帮助农民就地就近就业，带动农村经济发展、资源节约和环境保护，弘扬乡土文化和民俗风情，创造经济、生态、文化效益，同时在村集体利益代表的合作社的组织保障下，全体村民都能够共享乡村旅游高质量发展的经济、生态、文化效益，在此情况下，也有利于缓解或消除乡村旅游参与各方主体之间的矛盾，建立起和谐有序的乡村秩序。

| 第三章 |

北京乡村旅游高质量发展评估

　　近年来，北京乡村旅游发展总体呈现出向好趋势，在政策的大力扶持以及与社会资本的合作下，虽然受到新冠疫情影响，但发展势头依然强劲。据统计，2024 年第一季度，北京乡村旅游实现总收入 26928.8 万元，同比增长 16.6%；接待游客 237.5 万人次，同比增长 20.6%❶。而北京乡村旅游的发展正是践行"绿水青山就是金山银山"的生动写照，2020 年，时任北京市委书记蔡奇同志在考察时就强调，坚持生态优先绿色发展，建设践行"两山理论"的典范之区。因此，基于北京乡村旅游的发展情况，本书从乡村旅游效益评估与游客评估两个层面，对北京乡村旅游高质量发展情况做出综合评估。

3.1　高质量发展评估——效益层面

　　结合第一、二章的研究内容可知，"两山理论"下乡村旅游的高质量发展需要实现经济、文化和生态上的效益，而三者的综合效益必然可以带来移风易俗、化解矛盾、促进和谐、塑造新时代文明风尚等效果，进而推动乡村的有效治理，从而实现社会效益。此外，三种效益的实现也代表了乡村旅游发展具有创新、协调、绿色、开放、共享的发展特征。因此，在此基础上，本书对北京乡村旅游高质量发展实现的综合效益进行评估，具体来说，包括经济效益评估、生态效益评估和文化效益评估。

3.1.1　经济效益评估

　　首先，本书考虑到"两山理论"在北京乡村旅游的实践时间，选取了 2018 年以后的时间节点，对 2019—2023 年北京乡村旅游的总体经济收入情况进行分析研究，相关数据来源于北京市统计局。根据表 3-1 可知，在 2020 年，疫情给北京的乡村旅游造成了一定程度上的冲击，乡村旅游总收入由 2019 年的 144289.9 万元下降至 2020 年的 95269.9 万元。2021 年以后，北京

---

❶　数据来源于北京市统计局。

乡村旅游迅速呈现出良好的发展势头。2021 年的乡村旅游总收入已经基本接近 2019 年的水平，与 2020 年相比，乡村旅游总收入同比增长 48.4%。同时也可以看出，自 2019 年到 2023 年，乡村旅游的接待人次变化趋势与乡村旅游总收入的变化趋势基本相同。

表 3 - 1　北京乡村旅游整体情况

年份	乡村旅游总收入（万元）	乡村旅游总收入同比增长率	乡村旅游接待人次（万人次）	乡村旅游接待人次同比增长率
2019 年	144289.9	5.4%	1920.1	- 3.8%
2020 年	95269.9	- 34.0%	1010.3	- 47.4%
2021 年	141386.7	48.4%	1365.7	35.2%
2022 年	137192.7	- 3.0%	1080.9	- 20.9%
2023 年	149700.9	9.1%	1273.9	17.9%

此外，根据表 3 - 1 可知，2022 年，北京的乡村旅游总收入与游客人数较 2021 年呈现出下降趋势，但在 2023 年又呈现出回升趋势。2023 年开始，北京乡村旅游呈现出复苏态势。北京乡村旅游总收入在第一季度达到约 23097 万元，较 2022 年第一季度增长 5.3%，但游客人数尚未恢复到较高水平，同比下降 0.7 个百分点。但是，可以预估的是，北京乡村旅游将持续呈现正向走势，2023 年 1 月，北京市有关部门发布文件，明确提出丰富乡村旅游市场，积极开发乡村特色新产品，着力打造新场景，不断丰富乡村旅游市场。因此，在政府政策的大力支持下，旅游企业持续发力，乡村自身的内在动力不断得到激发，乡村旅游以较快的速度恢复到 2020 年之前的水平。

3.1.2　生态效益评估

北京乡村旅游高质量发展的绿色发展必然要求实现生态资源的产业化道路，同时要求对原有产业进行生态化改造，因此，乡村旅游高质量发展不仅要实现经济效益，也要实现生态效益。这种生态效益包含了对已破坏自然资源的修复、对现有自然资源（包括尚未开发旅游产业和已经开发旅游产业的生态资源）生态功能的保持和延展。鉴于北京各区及乡镇发展乡村旅游获取的生态效益衡量数据的不可获得性，本书选取了五个远郊区县发展乡村旅游较为成功的典型案例，对北京地区践行"两山理论"、实现乡村旅游高质量发展而获得的生态效益进行分析。

（1）房山区。自从坚持走"绿水青山就是金山银山"的道路，房山区走上一条生态化、可持续的发展道路。以生态文明引领转型发展，强化生态涵养保护，积极推动区域绿色发展，房山正着力打造首都和谐宜居的示范区。以黄山店村为例，在 2008 年之前，黄山店村的矿山开采导致村子的环境受到严重污染。践行"绿水青山就是金山银山"的理念，黄山店村开展第二次集体资产经营转型，关闭矿山，发展乡村旅游，统一规划了"姥姥家""云上石屋""桃叶谷""黄栌花开"等 40 个精品民宿小院，实现村集体经济绿色转型。

（2）门头沟区。门头沟区打牢生态旅游基础，践行"两山理论"，加强生态系统保护修复，先后获得"国家森林城市""中国天然氧吧"等称号，筑牢首都西部生态屏障。同时，制定旅游产业发展规划，持续优化文旅资源配置和开发利用强度，推动形成"村集体 + 平台公司 + 社会资本"的合作机制，打造"门头沟小院"品牌，激发民宿、景区、乡村的内在活力。以妙峰镇为例，门头沟妙峰镇立足本地的资源禀赋，因地制宜，整治修复自然环境，大力发展林果产业，苹果园、核桃园、杏仁基地等带来了良好的经济效益；此外，还利用自然景观发展生态旅游，打造休闲农业园区。乡村旅游产业的生态化发展，林果树木的大规模栽培种植，有利于涵养水源、净化空气，在妙峰山深处，绿水青山相映，负氧离子高，被誉为"天然氧吧"，在空气质量、水土保持方面产生了双重生态效益。

（3）密云区。密云区近年来多措并举提档升级乡村旅游，促进文旅产业高质量发展。以密云区石城镇黄峪口村为例，其发展乡村旅游具有"三特"：一是特色旅游，二是特色美食，三是特色旅游商品。其中，旅游商品由传统手工艺制造，采用天然绿色食材，保证了旅游商品的绿色化、有机化，使得乡村旅游生态效益的实现不仅包含了生态资源的自然功能，还包含了对人体健康的调节功能。同时，该村正在探索新型生态旅游，准备引进"无痕山林"理念，将生态环保理念融入生态旅游的路径中，从而实现生态文明素养与生态文明感官的双重提升。

（4）通州区。通州区西集镇打造生态休闲小镇，发展新型农业，从而带动乡村旅游朝着绿色化、生态化方向发展。耿楼村成立农业生态科技专业合作社，发展现代农业产业，又利用草莓产业发展旅游采摘业，进而延伸产业链条，打造休闲、观光、旅游、设施农业为一体的田园综合体，这样不仅实现了乡村产业振兴，也实现了美丽乡村建设，实现了生态资源可持续以及现代化的生态效益。

（5）怀柔区。怀柔区坚持统筹山水林田湖草生态保护，不断扩大生态环境容量和提高生态环境质量。通过一系列整治措施，怀沙河及怀九河水质清洁、生物恢复、生态向好，生态环境质量得到明显改善。环境优美推动了民宿行业的发展。以怀柔镇为例，不仅对违规民宿建设进行整治规范，同时也对山水环境进行治理，尤其是水质、农药残留等问题，宣传引导农药的规范使用，发展培育大量精品民宿和农家乐。依托优美生态及绿色农业，渤海镇积极发展高端酒店和精品民宿，为全镇构建生态文明旅游乡镇格局奠定了基础。

就整体来看，北京乡村旅游发展深刻践行了"绿水青山就是金山银山"的发展理念，立足实际，盘活生态资源和文化资源，在带动乡村产业振兴的同时产生了生态效益，主要表现在以下两个方面。一是生态功能。实现乡村旅游的高质量发展决定了乡村旅游开发前后都需要对生态环境进行保护以及优化，比如矿山、水质、生物多样性的修复、治理和保护，从而实现生态系统内部的平衡。门头沟区、平谷区、怀柔区、密云区、延庆区等在北京自然资源分布中占据重要地位，也是发展乡村旅游的重要地区，在推动生态涵养区生态保护和绿色发展的过程中，退耕还林，发展特色农林业、生态旅游、精品民宿等促进产业转型提升，以农促旅、以旅兴农，为打造"首都大氧吧"、涵养水源、保障首都生态安全做出贡献。二是文化功能。在促进乡村旅游高质量发展的过程中，生态环保、绿色发展的理念首先在从业者、村民的心中扎根，生态文明的价值理念进一步下沉基层，筑牢了生态文明理念的群众基础。游客参与绿色、生态的乡村旅游过程也属于再教育的过程，生态化的景区和产品服务是对游客的无形熏陶，乡村人民在此过程中关于环保理念等的价值宣传，也有利于生态文明在全社会的普及以及游客对践行"两山理论"的深刻理解。

3.1.3 文化效益评估

北京拥有丰富的文化资源，这不仅体现在城区，还体现在乡村。尤其是在发展乡村旅游的众多乡村中，当地的民俗风情、传统礼仪、民族文化和各种历史遗产为乡村旅游的文化产业发展、人文景观塑造、沉浸式体验提供了平台。而北京乡村旅游的高质量发展本身就是保护性开发和利用这些文化资源的过程，其结果必然促进当地文化的进一步发展，带来相应的文化效益，既可以包含直接的文化效益，也可以包含由经济效益间接反哺的文化效益。

以北京市怀柔区北沟村为例，北沟村通过发展观光农业、精品民宿带动村民积极参与，全村规划，建设瓦美术馆，开启了乡村建设工程的序幕，带动了农村增美、农民增收，同时，产生了可观的文化效益。首先是优美、科学的乡村旅游环境，为乡村文明的有序治理提供了良好的环境基础；其次是通过发展旅游业进而发展乡村文化，不仅传承了特色的乡土文化，而且通过科学的运营管理，村民的文化素养、认知水平、公共道德实现了较大提升，为乡村发展积累了人才资源；最后，乡村公共文化进一步提升，比如瓦美术馆的建成和专业化运营，已经在推动北沟村乡村公共文化服务建设中发挥了重要作用。

3.2　高质量发展评估——游客层面

北京乡村旅游高质量发展不仅包含了客观层面上的产出效益评估，还应该包含主观层面上的游客满意度评估。北京乡村旅游的游客满意度评估应该主要包含吃、住、行、游、购、娱六个方面。考虑到北京乡村旅游发展的实际情况，结合生态产业化和产业生态化的产业运营特点，本书选取了富有乡村代表性的民宿产业，通过分析民宿的绿色发展情况以及游客对绿色体验的满意度，对北京的乡村民宿的生态化发展情况进行研究。

3.2.1　研究分析

3.2.1.1　北京地区乡村旅游民宿研究与发展现状

北京作为著名的国际旅游目的地，旅游消费需求旺盛，民宿业是休闲旅游产业的重要组成部分。根据研究，2021年，北京乡村民宿拥有6.9万间客房和6.7万间接待室，入住率为83.4%，这也是北京乡村旅游促进农村经济快速增长的原因之一，也证实北京乡村民宿发展需要从数量模式向质量效益模式快速转变。有学者认为，游客逐渐将注意力从住宿产品转移到乡村环境，鼓励游客更多地探索当地文化并增加绿色体验。近年来，乡村民宿旅游的研究区域主要集中在长城文化带中的门头沟区、延庆区、平谷区。研究主题主要集中在乡村民宿的空间分布及其影响因素、游客消费动机、北京乡村民宿的现状与问题、资本运作下的乡村民宿发展路径等方面，从游客感知角度进行的研究较少。

北京民宿主要分为老城区体验型民宿、城郊资源型民宿和现代社区便民民宿三大类。建筑形态和空间分布规律说明，在老城区体验型民宿中，有胡同和历史建筑，根据北京老城区的历史文化储备进行划分。胡同以巷子闻名，让游客体验老北京真实的老街，感受和体验胡同居民的生活。现代社区便民民宿遍布于城市的高层住宅区，主要为客人提供方便、舒适、卫生的住宿体验。这些民宿位于火车站和商业区附近，且大部分民宿在地铁站附近，为办事提供了快捷的交通工具。

北京郊区的资源型民宿，是以发展景区服务和农家乐为出发点的。这些民宿的周边景观优美迷人，住宅建筑以四合院的形式为主，但也根据景观和大量的乡村旅游消费需求做了一些修改。在这些四合院里，业主用自己培育的果树、花坛、池塘和其他农业资源来吸引游客。

3.2.1.2　北京乡村旅游民宿绿色体验的动机

绿色消费行为受到多方面的影响，主要表现在价值观、环保态度和环保意识方面。在国内学者看来，绿色产品在功能认同、产品质量、环保认证等方面的问题是影响中国绿色消费的重要因素。近年来的研究发现，绿色产品通过激起游客的好奇心，提升游客的绿色体验，从而实现游客由"潜绿"向"真绿"的转化。

旅游者绿色体验意愿受旅游者感知行为控制和主观规范的影响。但是，相对于主观规范以及感知行为控制而言，绿色产品体验对于旅游者态度的影响程度最大。绿色体验使游客更容易对绿色产品的节能环保特性形成直观的理解和积极的评价。

3.2.1.3　北京乡村民宿旅游绿色体验满意度因素分析

在绿色体验视角下，游客正在寻找自己与绿色和健康生活之间的联系。要提升游客绿色体验满意度，餐饮、旅游、购物、景区、住宿、娱乐等都必须符合绿色服务的标准。绿色餐饮要求节约、环保、安全、健康和持续改进。

关于绿色购物，各国及各地出台的有关标准已经从基础设施、环境特征、服务设施、诚信经营、卫生等多方面进行了阐述，在安全方面做了规定，比如购买寿命更长的优质产品，使用非一次性的购物袋，使用可再生产品与可充电产品，根据需要购买食物以避免浪费等。

在景区方面，绿色景区是旨在满足社会、经济和艺术需求的同时，维持生态平衡和生物多样性并保持文化完整性的一个体系。该体系主要由环境和服务两个层次构成，涉及天气、空气、安全、服务、自然环境等共计31个指标，这些指标对于衡量景区绿色化水平具有重要指向性作用，可以为进一步解决景区设计不合理、区域发展衔接困难等问题提供决策依据。

在住宿方面，绿色住宿基于可持续发展的理念，利用原有的乡村房屋，结合区域人文、自然景观、生态环境和乡村资源进行设计与改造，以乡村住宿、餐饮和旅游为经营模式，提供乡村绿色体验。

在文化娱乐休闲方面，与乡村旅游文化、娱乐休闲等相关的标准共有11项，这有利于提升城市与乡村的旅游服务效率，促进文旅融合，推动城乡融合发展，构建互补互通的公共文化服务体系。

3.2.2　研究设计

3.2.2.1　问卷设计

本书基于动机理论与实地访谈结果，借鉴刘红霞（2020）、Xintong Li（2021）、王璐等（2021）关于乡村民宿的绿色发展和生态化建设的相关论述进行问卷设计，并通过专家建议、预调研等方式进行优化改进，最终问卷设计结果如表3-2所示。

表3-2　问卷设计表

游客满意度动机	问卷内容
基本信息	1. 性别 2. 年龄 3. 文化程度 4. 收入 5. 出行方式 6. 为什么选择该旅游目的地
吃	7. 民宿餐饮具有当地风味 8. 民宿餐饮绿色健康

续表

游客满意度动机	问卷内容
住	9. 民宿卫生实现垃圾分类 10. 民宿远离噪声环境 11. 民宿物品尽可能循环利用 12. 民宿地处绿色自然环境中 13. 民宿建筑富有当地特色
行	14. 通信良好 15. 公共交通便利 16. 指示标充足且清晰 17. 具有新能源汽车充电设施
游	18. 周边水环境生态良好 19. 能感受人与自然的和谐共处 20. 周边生物具有多样性 21. 增进家人感情，拉近人际关系
购	22. 方便购买绿色有机食品 23. 方便购买原生态手工艺品 24. 景区大力宣传绿色产品
娱	25. 能躲避工作和生活中的烦扰 26. 能参加农事活动等生态体验 27. 景区活动带有环保属性 28. 能获得知识储备的提升 29. 能收获快乐的心情
对乡村旅游民宿的满意程度	30. 想推荐给他人 31. 想再次入住

3.2.2.2 数据收集

本次调研通过对北京乡村旅游的游客进行问卷发放的形式进行。首先，在问卷发放时对调查对象是否在乡村旅游中居住过民宿进行调查；其次，在游客有过民宿居住经历的基础上进行问卷发放。

3.2.3　实证分析

3.2.3.1　描述性统计

本次调研主要针对具有在北京乡村民宿居住经历的各地游客，共发放问卷 421 份，其中有效问卷 400 份。样本中，男女性别比例基本平衡，男性约占 54%，女性约占 46%，调查对象以中青年为主，年龄主要集中在 18~45 周岁，约占样本总数的 95%，受访对象的学历以本科和硕士研究生为主，约占样本总数的 80%，月收入为 6000 元以下的样本约占样本总数的 39%，月收入在 6000~20000 元的约占样本总数的 47%。上述特征能够较全面地反映北京乡村民宿旅游游客的特征，具有一定的代表性（见表 3-3）。

表 3-3　描述性统计数据

人口统计变量	人数	百分比
性别		
男	216	54%
女	184	46%
年龄		
12~18 周岁	0	0
19~27 周岁	172	43%
28~45 周岁	208	52%
46~65 周岁	20	5%
66 周岁及以上	0	0
文化程度		
小学	0	0
初中	8	2%
高中	36	9%
大专	36	9%
本科	168	42%
硕士研究生及以上	152	38%
收入		
6000 元及以下	156	39%
6001~10000 元	104	26%
10001~20000 元	84	21%
20001 元及以上	56	14%

3.2.3.2 信效度分析

1. 信度分析

信度分析能够确保研究测量工具的适应性，能够完善实验计算，降低失误，其中 Gronbach 所提出的 Alpha 系数是目前研究中比较常用的，本书主要以 Alpha 系数为信度标准。一般情况下，数据的信度系数在 0.9 以上代表信度较好；信度系数在 0.8 以上表示信度不错；信度系数为 0.6 ~ 0.7 是合理的；如果信度系数低于 0.6 则表示数据不可信。

以 SPSS 26 对数据进行处理并进行信度分析，结果如表 3 - 4 所示。从分析结果来看，Alpha 系数值为 0.938，说明数据的可信度较好，故可以进行后续分析。

表 3 - 4　可靠性统计数据

Alpha 系数	项数	样本数
0.938	25	400

2. 效度分析

KMO 值为 0.886（大于 0.6），且 Barlett 球形度检验的 p 值小于 0.05，说明变量之间存在相关性，适合做因子分析。另外，根据因子分析结果，旋转后累积方差解释率为 75.385%（＞50.0%），意味着研究项的信息量可以有效提取。累积方差解释率为 75.385%（大于 60%），共同度值大于 0.4，说明该问卷通过效度检验。效度分析结果如表 3 - 5 所示。

表 3 - 5　效度分析结果

名称	因子载荷系数 因子 1	共同度 （公因子方差）
民宿餐饮具有当地风味	0.901	0.812
民宿餐饮绿色健康	0.857	0.750
民宿卫生实现垃圾分类	0.841	0.710
民宿远离噪声环境	0.837	0.700
民宿物品尽可能循环利用	0.840	0.704
民宿地处绿色自然环境中	0.878	0.773
民宿建筑富有当地特色	0.885	0.784

名称	因子载荷系数	共同度
	因子1	（公因子方差）
通信良好	0.892	0.796
公共交通便利	0.900	0.810
指示标充足且清晰	0.877	0.768
具有新能源汽车充电设施	0.876	0.767
周边水环境生态良好	0.875	0.766
能感受人与自然的和谐共处	0.844	0.713
周边生物具有多样性	0.894	0.799
增进家人感情，拉近人际关系	0.860	0.739
方便购买绿色有机食品	0.866	0.747
方便购买原生态手工艺品	0.827	0.686
景区大力宣传绿色产品	0.864	0.747
能躲避工作和生活中的烦扰	0.864	0.746
能参加农事活动等生态体验	0.831	0.691
景区活动带有环保属性	0.882	0.779
能获得知识储备的提升	0.887	0.785
能收获快乐的心情	0.872	0.762
想推荐给他人	0.911	0.822
想再次入住	0.893	0.797
特征根值（旋转前）	18.092	—
方差解释率（旋转前）	75.385%	—
累积方差解释率（旋转前）	75.385%	—
特征根值（旋转后）	18.092	—
方差解释率（旋转后）	75.385%	—
累积方差解释率（旋转后）	75.385%	—
KMO 值	0.886	—
巴特球形值	2125.134	—
df	300	—
p 值	0.001	—

3.2.3.3 回归分析

1. 主回归（一）——吃

将"民宿餐饮具有当地风味"和"民宿餐饮绿色健康"作为自变量，将"对乡村旅游民宿的满意程度"作为因变量，由此进行线性回归分析。

从表 3-6 可以看出，模型公式为：对乡村旅游民宿的满意程度 = 2.122 + 0.183 × 民宿餐饮具有当地风味 + 0.246 × 民宿餐饮绿色健康，模型 R^2 为 0.234。对模型进行 F 检验时发现，模型通过 F 检验（$F = 14.804$，$p = 0 < 0.01$），说明"民宿餐饮具有当地风味"和"民宿餐饮绿色健康"中至少一项会对"对乡村旅游民宿的满意程度"产生影响。另外，针对模型的多重共线性进行检验发现，模型中 VIF 值均小于 5，意味着不存在着共线性问题；并且 D-W 值接近 2，因而说明模型不存在自相关性，样本数据之间并没有关联关系，模型较好。最终具体分析可知，"民宿餐饮具有当地风味"的回归系数值为 0.183（$t = 1.544$，$p = 0.126 > 0.1$），意味着"民宿餐饮具有当地风味"并不会对游客"对乡村旅游民宿的满意程度"产生影响。"民宿餐饮绿色健康"的回归系数值为 0.246（$t = 2.118$，$p = 0.037 < 0.05$），意味着"民宿餐饮绿色健康"会对"对乡村旅游民宿的满意程度"产生显著的正向影响。

表 3-6 线性回归分析结果（$n = 100$）

分析项	非标准化系数		标准化系数	t	p	VIF 值
	B	标准误差	$Beta$			
常数	2.122	0.320	—	6.642	0 ***	—
民宿餐饮具有当地风味	0.183	0.118	0.216	1.544	0.126	2.483
民宿餐饮绿色健康	0.246	0.116	0.297	2.118	0.037 **	2.483
R^2	0.234					
调整 R^2	0.218					
F	$F_{(2, 97)} = 14.804$，$p = 0$					
D-W 值	2.078					

注：本书表格中，*** 表示 $p < 0.001$，** 表示 $p < 0.01$，* 表示 $p < 0.05$。

总结分析可知，"民宿餐饮绿色健康"会对"对乡村旅游民宿的满意程度"产生显著的正向影响，但是"民宿餐饮具有当地风味"并不会对游客"对乡村旅游民宿的满意程度"产生影响。这说明，游客在体验乡村旅游民宿的过程中更加注重餐饮的绿色有机。

2. 主回归（二）——住

将"民宿卫生实现垃圾分类""民宿远离噪声环境""民宿物品尽可能循环利用""民宿地处绿色自然环境中""民宿建筑富有当地特色"作为自变量，将"对乡村旅游民宿的满意程度"作为因变量，进行线性回归分析。

从表 3-7 可以看出，模型公式为：对乡村旅游民宿的满意程度 = 2.021 + 0.283 × 民宿卫生实现垃圾分类 - 0.024 × 民宿远离噪声环境 + 0.062 × 民宿物品尽可能循环利用 - 0.036 × 民宿地处绿色自然环境中 + 0.222 × 民宿建筑富有当地特色，模型 R^2 为 0.303。意味着"民宿卫生实现垃圾分类""民宿远离噪声环境""民宿物品尽可能循环利用""民宿地处绿色自然环境中""民宿建筑富有当地特色"可以解释"对乡村旅游民宿的满意程度"的 30.3% 的变化原因。对模型进行 F 检验时发现，模型通过 F 检验（$F = 8.192$，$p = 0 < 0.01$），说明"民宿卫生实现垃圾分类""民宿远离噪声环境""民宿物品尽可能循环利用""民宿地处绿色自然环境中""民宿建筑富有当地特色"中至少一项会对"对乡村旅游民宿的满意程度"产生影响。另外，针对模型的多重共线性进行检验发现，模型中 VIF 值均小于 5，意味着不存在着共线性问题。D-W 值接近 2，说明模型不存在自相关性，样本数据之间并没有关联关系，模型较好。最终具体分析可知："民宿卫生实现垃圾分类"的回归系数值为 0.283（$t = 3.865$，$p = 0 < 0.01$），意味着民宿卫生实现垃圾分类会对游客的满意程度产生显著的正向影响；"民宿远离噪声污染"的回归系数值为 - 0.024（$t = -0.380$，$p = 0.705 > 0.1$），意味着民宿是否远离噪声环境并不会对游客的满意程度产生显著影响；"民宿物品尽可能循环利用"的回归系数值为 0.062（$t = 0.801$，$p = 0.425 > 0.1$），意味着民宿物品是否循环利用并不会对"对乡村旅游民宿的满意程度"产生影响；"民宿地处绿色自然环境中"的回归系数值为 - 0.036（$t = -0.354$，$p = 0.724 > 0.05$），意味着民宿是否地处绿色、天然的自然环境中并不会对游客的满意程度产生影响；民宿建筑富有当地特色的回归系数值为 0.222（$t = 1.844$，$p = 0.068 < 0.1$），意味着民宿建筑富有当地特色会对游客的满意程度产生正向影响。

总结分析可知，民宿是否严格实行垃圾分类会对游客"对乡村旅游民宿的满意程度"产生显著的影响，且垃圾分类做得越好，游客的满意程度越高；民宿建筑是否具有当地特色也会对游客的满意度产生影响，且是正向影响；但是民宿是否远离噪声以及是否地处绿色自然环境中并不会对游客"对乡村旅游民宿的满意程度"产生影响，这可能与民宿外部的景区经营有关；民宿物品是否循环利用也不会对游客满意度造成影响，这有可能是因为被调查者大多认为民宿物品多为近身使用类型，可以不在循环利用物品的范围内。

表 3 - 7　线性回归分析结果（$n = 100$）

分析项	非标准化系数		标准化系数	t	p	VIF 值
	B	标准误差	$Beta$			
常数	2.021	0.339	—	5.965	0 ***	—
民宿卫生实现垃圾分类	0.283	0.073	0.400	3.865	0 ***	1.445
民宿远离噪声环境	- 0.024	0.063	- 0.038	- 0.380	0.705	1.334
民宿物品尽可能循环利用	0.062	0.077	0.080	0.801	0.425	1.351
民宿地处绿色自然环境中	- 0.036	0.102	- 0.047	- 0.354	0.724	2.371
民宿建筑富有当地特色	0.222	0.120	0.257	1.844	0.068 *	2.630
R^2	0.303					
调整 R^2	0.266					
F	$F (5, 94) = 8.192, p = 0$					
D - W 值	2.033					

3. 主回归（三）——行

将"通信良好""公共交通便利""指示标充足且清晰""具有新能源汽车充电设施"作为自变量，将"对乡村旅游民宿的满意程度"作为因变量，进行线性回归分析。

从表 3 - 8 可以看出，模型公式为：对乡村旅游民宿的满意程度 = 1.902 - 0.016 × 通信良好 + 0.190 × 公共交通便利 + 0.144 × 指示标充足且清晰 + 0.221 × 具有新能源汽车充电设施，模型 R^2 为 0.395，意味着"通信良好""公共交通便利""指示标充足且清晰""具有新能源汽车充电设施"可以解释"对乡村旅游民宿的满意程度"的 39.5% 的变化原因。对模型进行 F 检验时发现，模型通过 F 检验（$F = 15.485, p = 0 < 0.01$），说明"通信良好""公共交通便利""指示标充足且清晰""具有新能源汽车充电设施"中至少一项会对"对乡村旅游民宿的满意程度"产生影响。另外，针对模型的多重共线性进行检验发现，模型中 VIF 值均小于 5，意味着不存在着共线性问题；D - W 值接近 2，因而说明模型不存在自相关性，样本数据之间并没有关联关系，模型较好。最终具体分析可知："通信良好"的回归系数值为 - 0.016（$t = - 0.152, p = 0.879 > 0.1$），意味着"通信良好"并不会对"对乡村旅游民宿的满意程度"产生影响。"公共交通便利"的回归系数值为 0.190（$t = 2.050$，$p = 0.043 < 0.05$），意味着"公共交通便利"会对"对乡村旅游民宿的满意程度"产生显著的正向影响。"指示标充足且清晰"的回归系数值为 0.144（$t = 1.369$，$p = 0.174 > 0.1$），意味着"指示标充足且清晰"并不会对"对乡村旅游民宿的满意程度"产生影响。"具有新能源汽车充电设施"的回归系数值为 0.221（$t = 1.859$，$p = 0.066 < 0.1$），意味着"具有新能源汽车充电设施"对"对乡村旅游民宿的满意程度"产生正向影响。

表 3 – 8　线性回归分析结果（$n = 100$）

分析项	非标准化系数		标准化系数	t	p	VIF 值
	B	标准误差	$Beta$			
常数	1.902	0.283	—	6.710	0 ***	—
通信良好	−0.016	0.102	−0.018	−0.152	0.879	2.107
公共交通便利	0.190	0.093	0.247	2.050	0.043 **	2.272
指示标足且清晰	0.144	0.105	0.189	1.369	0.174	2.987
具有新能源汽车充电设施	0.221	0.119	0.274	1.859	0.066 *	3.398
R^2	0.395					
调整 R^2	0.369					
F	$F_{(4, 95)} = 15.485$, $p = 0$					
D – W 值	1.995					

总结分析可知，"公共交通便利""具有新能源汽车充电设施"两项要素会对游客"对乡村旅游民宿的满意程度"产生显著的正向影响。但是"通信良好""指示标充足且清晰"不会对满意程度产生影响，这可能因为在游客心中，通信已经成为普遍条件，而不再成为景区竞争的独特优势。

4. 主回归（四）——游

将"周边水环境生态良好""能感受人与自然的和谐共处""周边生物具有多样性""增进家人感情，拉近人际关系"作为自变量，将"对乡村旅游民宿的满意程度"作为因变量，进行线性回归分析。

从表 3 – 9 可以看出，模型公式为：对乡村旅游民宿的满意程度 = 1.628 + 0.130 × 周边水环境生态良好 + 0.015 × 能感受人与自然的和谐共处 + 0.284 × 周边生物具有多样性 + 0.130 × 增进家人感情、拉近人际关系，模型 R^2 为 0.311，意味着"周边水环境生态良好""能感受人与自然的和谐共处""周边生物具有多样性""增进家人感情，拉近人际关系"可以解释对"对乡村旅游民宿的满意程度"的 31.1% 的变化原因。对模型进行 F 检验时发现，模型通过 F 检验（$F = 10.731$，$p = 0 < 0.01$），说明"周边水环境生态良好""能感受人与自然的和谐共处""周边生物具有多样性""增进家人感情，拉近人际关系"中至少一项会对"对乡村旅游民宿的满意程度"产生影响。另外，针对模型的多重共线性进行检验发现，模型中 VIF 值均小于 5，意味着不存在着共线性问题；D－W 值接近 2，说明模型不存在自相关性，样本数据之间并没有关联，模型较好。最终具体分析可知："周边水环境生态良好"的回归系数值为 0.130（$t = 0.914$，$p = 0.363 > 0.1$），意味着"周边水环境生态良好"并不会对"乡村旅游民宿的满意程度"产生影响。"能感受人与自然的和谐共处"的回归系数值为 0.015（$t = 0.102$，$p = 0.019 < 0.05$），意味着"能感受人与自然的和谐共处"会对"对乡村旅游民宿的满意程度"产生正向影响。"周边生物具有多样性"的回归系数值为 0.284（$t = 2.035$，$p = 0.045 < 0.05$），意味着周边生物多样性会对"对乡村旅游民宿的满意程度"产生显著的正向影响。"增进家人感情，拉近人际关系"的回归系数值为 0.130（$t = 1.053$，$p = 0.295 > 0.1$），意味着"增进家人感情，拉近人际关系"并不会对"对乡村旅游民宿的满意程度"产生影响。

表 3－9　线性回归分析结果（$n = 100$）

分析项	非标准化系数		标准化系数	t	p	VIF 值
	B	标准误差	Beta			
常数	1.628	0.347	—	4.689	0 ***	—
周边水环境生态良好	0.130	0.142	0.142	0.914	0.363	3.343
能感受人与自然的和谐共处	0.015	0.144	0.016	0.102	0.019 **	3.512
周边生物具有多样性	0.284	0.139	0.311	2.035	0.045 **	3.214
增进家人感情，拉近人际关系	0.130	0.123	0.142	1.053	0.295	2.510
R^2	0.311					
调整 R^2	0.282					
F	$F (4, 95) = 10.731$，$p = 0$					
D－W 值	1.921					

总结分析可知，"周边生物具有多样性"与"能感受人与自然的和谐共处"会对游客"对乡村旅游民宿的满意程度"产生显著的正向影响。

5. 主回归（五）——购

将"方便购买绿色有机食品""方便购买原生态手工艺品""景区大力宣传绿色产品"作为自变量，将"对乡村旅游民宿的满意程度"作为因变量，进行线性回归分析。

从表 3 - 10 可以看出，模型公式为：对乡村旅游民宿的满意程度 = 1.598 + 0.341 × 方便购买绿色有机食品 + 0.103 × 方便购买原生态手工艺品 + 0.148 × 景区大力宣传绿色产品，模型 R^2 为 0.466，意味着"方便购买绿色有机食品""方便购买原生态手工艺品""景区大力宣传绿色产品"可以解释"对乡村旅游民宿的满意程度"的 46.6% 的变化原因。对模型进行 F 检验时，发现模型通过 F 检验（$F = 27.911$，$p = 0 < 0.01$），说明"方便购买绿色有机食品""方便购买原生态手工艺品""景区大力宣传绿色产品"中至少一项会对"对乡村旅游民宿的满意程度"产生影响。另外，针对模型的多重共线性进行检验发现，模型中 VIF 值均小于 5，意味着不存在着共线性问题；D - W 值接近 2，说明模型不存在自相关性，样本数据之间并没有关联关系，模型较好。最终具体分析可知："方便购买绿色有机食品"的回归系数值为 0.341（$t = 3.235$，$p = 0.002 < 0.01$），意味着"方便购买绿色有机食品"会对游客"对乡村旅游民宿的满意程度"产生显著的正向影响。"方便购买原生态手工艺品"的回归系数值为 0.103（$t = 1.005$，$p = 0.017 < 0.05$），意味着方便购买原生态手工艺品会对游客"对乡村旅游民宿的满意程度"产生正向影响。"景区大力宣传绿色产品"的回归系数值为 0.148（$t = 1.441$，$p = 0.153 > 0.1$），意味着景区大力宣传绿色产品并不会对游客"对乡村旅游民宿的满意程度"产生影响。

表 3 - 10　线性回归分析结果（$n = 100$）

分析项	非标准化系数		标准化系数	t	p	VIF 值
	B	标准误差	$Beta$			
常数	1.598	0.253	—	6.312	0 ***	—
方便购买绿色有机食品	0.341	0.105	0.428	3.235	0.002 ***	3.144
方便购买原生态手工艺品	0.103	0.102	0.126	1.005	0.017 **	2.823
景区大力宣传绿色产品	0.148	0.102	0.180	1.441	0.153	2.796
R^2	0.466					
调整 R^2	0.449					
F	$F (3, 96) = 27.911$, $p = 0$					
D - W 值	1.776					

总结分析可知，方便购买绿色有机食品和原生态手工艺品会对游客"对乡村旅游民宿的满意程度"产生显著的正向影响。

6. 主回归（六）——娱

"能躲避工作和生活中的烦扰""能参加农事活动等生态体验""景区活动带有环保属性""能获得知识储备的提升""能收获快乐的心情"作为自变量，将"对乡村旅游民宿的满意程度"作为因变量，进行线性回归分析。

从表 3-11 可以看出，模型公式为：对乡村旅游民宿的满意程度 = 1.498 + 0.068 × 能躲避工作和生活中的烦扰 + 0.325 × 能参加农事活动等生态体验 + 0.071 × 景区活动带有环保属性 - 0.178 × 能获得知识储备的提升 + 0.313 × 能收获快乐的心情，模型 R^2 为 0.385，意味着"能躲避工作和生活中的烦扰""能参加农事活动等生态体验""景区活动带有环保属性""能获得知识储备的提升""能收获快乐的心情"作为自变量可以解释对"对乡村旅游民宿的满意程度"的 38.5% 的变化原因。对模型进行 F 检验时发现，模型通过 F 检验（$F = 11.784$，$p = 0 < 0.05$），说明"能躲避工作和生活中的烦扰""能参加农事活动等生态体验""景区活动带有环保属性""能获得知识储备的提升""能收获快乐的心情"作为自变量，至少一项会对"对乡村旅游民宿的满意程度"产生影响。另外，针对模型的多重共线性进行检验发现，模型中 VIF 值均小于 5，意味着不存在着共线性问题；D - W 值接近 2，因而说明模型不存在自相关性，样本数据之间并没有关联，模型较好。最终具体分析可知："能躲避工作和生活中的烦扰"的回归系数值为 0.068（$t = 0.630$，$p = 0.530 > 0.1$），意味着游客能躲避工作和生活中的烦扰并不会对其"对乡村旅游民宿的满意程度"产生影响。"能参加农事活动等生态体验"的回归系数值为 0.325（$t = 3.339$，$p = 0.001 < 0.01$），意味着能参加农事活动等生态体验会对游客"对乡村旅游民宿的满意程度"产生显著的正向影响。"景区活动带有环保属性"的回归系数值为 0.071（$t = 0.661$，$p = 0.510 > 0.1$），意味着景区活动带有环保属性并不会对游客"对乡村旅游民宿的满意程度"产生影响。"能获得知识储备的提升"的回归系数值为 - 0.178（$t = -1.250$，$p = 0.214 > 0.1$），意味着游客能获得知识储备的提升并不会对其"对乡村旅游民宿的满意程度"产生影响。"能收获快乐的心情"的回归系数值为 0.313（$t = 2.865$，$p = 0.005 < 0.01$），意味着游客能收获快乐的心情会对其满意程度产生显著的正向影响。

表 3 – 11　线性回归分析结果 （ n = 100）

分析项	非标准化系数		标准化系数	t	p	VIF 值
	B	标准误差	Beta			
常数	1.498	0.353	—	4.245	0 ***	—
能躲避工作和生活中的烦扰	0.068	0.108	0.071	0.630	0.530	1.946
能参加农事活动等生态体验	0.325	0.097	0.397	3.339	0.001 ***	2.166
景区活动带有环保属性	0.071	0.108	0.090	0.661	0.510	2.807
能获得知识储备的提升	− 0.178	0.142	− 0.205	− 1.250	0.214	4.092
能收获快乐的心情	0.313	0.109	0.345	2.865	0.005 ***	2.220
R^2	0.385					
调整 R^2	0.353					
F	$F_{(5, 94)} = 11.784$, $p = 0$					
D – W 值	1.960					

总结分析可知，游客能参加农事活动等生态体验、能收获快乐的心情会对游客"对乡村旅游民宿的满意程度"产生显著的正向影响。

3.2.3.4　异质性分析

性别是影响游客心理的重要因素之一，性别的不同导致游客对乡村旅游民宿满意度有所不同。此外，在中国现行的教育发展阶段，研究生学历代表着较高的文化水平，其对乡村旅游民宿的绿色发展具有相对深入的认知。因此，为了进一步研究游客对走绿色发展道路的乡村旅游民宿的满意度状况，本书根据游客的不同学历和不同性别，分别进行进一步探讨。

1. 学历异质性

首先，本书对不同学历人群进行差异性回归，从而进一步探寻游客对绿色乡村民宿满意度的影响因素。

通过表 3 – 12 可知，虽然民宿餐饮是否具有当地风味在整体上不会对游客的满意度产生显著影响，但是对于研究生以下学历的人群来说，民宿食物的特色味道却能显著影响他们基于绿色体验的满意度，这可能与大众美食文化的流行有关，较高学历层次的人更倾向于食物的有机和健康。同时，外部噪声环境、民宿位置以及生态环境等因素对研究生以下学历的人群影响显著，但对整体影响并不显著，这可能与其居住和生活环境有关。根据系数比较可知，研究生及以上学历人群对绿色健康的餐饮的重视程度高于研究生以下学历人群。到达目的地的公共交通条件对研究生以下学历人群的影响要更显著。由于研究生以下学历人群更多可能倾向于公共交通，而研究生及以上学历人群尤其是已经就业安家的人群选择自驾等方式的可能性更大。方便购买绿色有机食品、原生态手工艺品两个因素对研究生以下学历人群的影响更显著，但是，能躲避工作和生活中的烦扰、能获得农事体验、能收获快乐心情三项因素对研究生及以上学历人群的影响更显著。这也可以看出，研究生及以上学历人群更注重精神生活与心情上的放松，除了较高学历的影响以外，这也可能与其工作、生活的紧张节奏有关。

表3-12 学历异质性分析

分析项	研究生以下学历	研究生及以上学历
民宿餐饮具有当地风味	0.099 * (0.13)	0.270 (0.20)
民宿餐饮绿色健康	0.005 * (0.13)	0.095 * (0.24)
民宿卫生实现垃圾分类	0.263 * (0.11)	0.010 * (0.16)
民宿远离噪声环境	0.036 * (0.09)	-0.103 (0.11)
民宿物品尽可能循环利用	-0.149 (0.14)	-0.019 (0.16)
民宿地处绿色自然环境中	0.083 * (0.17)	-0.156 (0.22)
民宿建筑富有当地特色	-0.301 (0.20)	0.133 (0.36)
通信良好	-0.051 (0.16)	0.204 (0.27)
公共交通便利	0.054 ** (0.13)	0.1798 * (0.25)
指示标充足且清晰	0.239 (0.16)	-0.337 (0.28)

分析项	研究生以下学历	研究生及以上学历
具有新能源汽车充电设施	− 0.261	0.097 **
	(0.18)	(0.27)
周边水环境生态良好	0.147 *	− 0.161
	(0.18)	(0.33)
能感受人与自然的和谐共处	− 0.162	0.086 **
	(0.19)	(0.30)
周边生物具有多样性	0.182 *	0.040 *
	(0.18)	(0.30)
增进家人感情，拉近人际关系	0.353	0.336
	(0.17)	(0.21)
方便购买绿色有机食品	0.357 *	0.134 *
	(0.16)	(0.29)
方便购买原生态手工艺品	0.010 **	0.276 *
	(0.18)	(0.25)
景区大力宣传绿色产品	− 0.072 *	0.601
	(0.15)	(0.27)
能躲避工作和生活中的烦扰	0.154	0.027 **
	(0.18)	(0.26)
能参加农事活动等生态体验	0.307 *	0.721 **
	(0.20)	(0.26)
景区活动带有环保属性	− 0.357	0.073 *
	(0.17)	(0.23)
能获得知识储备的提升	0.020 *	− 1.166
	(0.18)	(0.33)
能收获快乐的心情	0.061 *	0.574 *
	(0.16)	(0.21)
_cons	0.404	1.112
	(0.53)	(0.46)
R^2	0.790	0.850
adj. R^2	0.629	0.668
AIC	95.212	74.637
BIC	142.947	116.905
F	4.907	4.669

2. 性别异质性

本书对不同性别人群进行差异性回归，从而对游客满意度的影响因素做进一步探究。

根据表 3－13，通过比较系数大小可知民宿餐饮绿色健康对女性游客满意度的影响程度显著大于对男性游客的影响，这说明女性更加注重饮食的绿色化、健康化。同样地，民宿是否实行垃圾分类对于女性的影响显著，而对男性的影响不显著，这可能是部分男女群体不同的日常生活习惯导致的。此外，噪声污染、循环利用物品对女性群体的满意度产生显著的负向影响，这也极有可能是因为女性在平时更注重干净、卫生和隐私性。但是，对于男性群体来说，是否具有新能源汽车充电设施很重要。一般来说，如果距离较远的情况下，男性驾车的概率大，同时，这也与男性在家庭中扮演的角色以及其自身对汽车的关注相关。另外，根据综合系数以及显著性，购买绿色产品和原生态手工艺品两项因素对女性的影响更为明显。但能躲避工作和生活中的烦扰、参加农事活动等生态体验、收获快乐心情三项因素却对男性的影响更显著，这可能是由于男性相对来说面临的工作和生活压力更大。但值得注意的是，商家对绿色产品的宣传反而会负向影响男性的满意度，这可能是其经历过商家的过度宣传导致的。

表 3－13　性别异质性分析

分析项	男性	女性
民宿餐饮具有当地风味	0.099 (0.13)	0.250 (0.27)
民宿餐饮绿色健康	0.005 * (0.13)	0.085 * (0.21)
民宿卫生实现垃圾分类	0.263 (0.11)	0.049 ** (0.14)
民宿远离噪声环境	0.036 (0.09)	－ 0.033 * (0.10)
民宿物品尽可能循环利用	0.149 (0.14)	－ 0.132 * (0.18)
民宿地处绿色自然环境中	0.083 (0.17)	0.204 (0.15)

分析项	男性	女性
民宿建筑富有当地特色	−0.301 (0.20)	0.167 (0.24)
通信良好	−0.051 (0.16)	0.424 (0.25)
公共交通便利	0.054 * (0.13)	0.085 * (0.15)
有指示标充足且清晰	0.239 (0.16)	−0.164 (0.19)
具有新能源汽车充电设施	0.261 ** (0.18)	0.049 (0.21)
周边水环境生态良好	0.147 (0.18)	−0.295 (0.37)
能感受人与自然的和谐共处	0.162 * (0.19)	0.211 * (0.29)
周边生物具有多样性	0.182 * (0.18)	0.168 * (0.31)
增进家人感情，拉近人际关系	0.353 (0.17)	−0.202 (0.29)
方便购买绿色有机食品	0.157 * (0.16)	0.239 * (0.28)
方便购买原生态手工艺品	0.010 (0.18)	0.452 ** (0.22)
景区大力宣传绿色产品	−0.072 * (0.15)	−0.303 (0.26)
能躲避工作和生活中的烦扰	0.154 * (0.18)	0.058 * (0.19)
能参加农事活动等生态体验	0.307 ** (0.20)	0.259 * (0.17)
景区活动带有环保属性	−0.357 (0.17)	0.357 (0.22)

续表

分析项	男性	女性
能获得知识储备的提升	−0.020 (0.18)	0.603 * (0.30)
能收获快乐的心情	0.061 ** (0.16)	0.289 * (0.19)
_cons	0.404 (0.53)	0.807 (0.52)
R^2	0.790	0.802
adj. R^2	0.629	0.595
AIC	95.212	89.850
BIC	142.947	133.738
F	4.907	3.880

3.2.4　研究结论与管理启示

第一，在饮食方面，民宿餐饮绿色健康程度是影响对乡村旅游民宿的满意度的重要指标之一。民宿的餐饮是否属于绿色产品能够直观地体现乡村旅游过程中的农业化、生态化，绿色的民宿餐饮会给游客带来不同的味觉感受和心理感知。乡村旅游的游客主要来自城市，尽管城市中的食物琳琅满目、丰富多样，但民宿提供的原生态的肉禽蛋奶，以及当地生态农业或依靠绿色种植而收获的谷物蔬菜，能使游客尽情享受无添加、无农药化肥残留的食品，契合了游客对饮食健康、绿色有机的消费诉求。

第二，在居住环境方面，民宿进行有效的垃圾分类更能提升游客对乡村旅游民宿的满意度。垃圾分类作为生态文明建设中被提倡的社会性行为，更能引起游客的环保认同感，从而影响顾客的满意度。但是噪声并未对游客的满意度产生显著影响，这可能有两方面的原因。一方面是游客对噪声污染的认知不足，大部分游客很多时候就生活在嘈杂的环境里，所以并未产生显著反应；另一方面是部分游客所经历的噪声可能是来自民宿附近的基础设施建设和完善以及景区经营，这部分噪声往往只是阶段性的，对游客的休息影响并不严重。而其他方面，民宿内尽可能使用可循环物品以及民宿的位置对游客满意度的影响不大，一方面是由于民宿物品大多为贴身使用或者与隐私、安全相关，因此部分游客并不会因为节能环保的要求而放弃对私密性和安全性的要求；另一方面这可能是在游客心中，民宿的生态性并不完全取决于民宿的位置。

第三，在交通出行方面，良好的交通设施会促进游客满意度的提升。虽然这个因素并不是最能显著代表绿色含义的要素，但在旅游过程中，如果民宿可以提供自行车等低碳环保的出行工具，这对于乡村旅游的绿色发展来说，也是必不可少的。

第四，在景区景色方面，生物多样性会对游客的满意度产生正向影响。随着国家对生物保护的宣传以及人与自然关系的增进，生物的多样性更能让游客在旅游过程中对自然、对原生态产生共鸣。同时，人与自然和谐相处，也能使游客产生情绪上的共鸣，让游客有一种"久在樊笼里，复得返自然"的感觉，也会提升游客满意度。这也是受人与自然和谐共生的传统理念所影响的，城市里的游客会更喜欢亲近大自然，拥抱大自然。

第五，在特色产品方面，方便购买绿色有机食品、原生态手工艺品对游客"对乡村旅游民宿的满意程度"产生显著的正向影响。同绿色餐饮一样，这类产品对游客满意度的影响主要来自游客内心对有机、生态、节约等理念的认可。

第六，在娱乐方面，能获得农事体验，享受休闲和娱乐，放松精神会对游客"对乡村旅游民宿的满意程度"产生显著的正向影响。这可能源自游客对乡村纯朴的生活与原生态的农业的向往，反映了城市游客对乡村旅游体验感、原真性的重视。

第四章

"两山理论"与北京乡村旅游高质量发展协调分析

"两山理论"在经济发展实践过程中的核心要义为"绿水青山就是金山银山",强调了绿水青山向金山银山转化的发展新思路。同样地,"冰天雪地也是金山银山",进一步阐述了生态资源的内在经济价值以及生态环境与经济发展并行不悖的内在要求。因此,在践行"两山理论"过程中,推动绿水青山向金山银山转化,实现生态环境保护与发展经济的双重目标,是以"两山理论"为价值遵循的产业发展的必然要求。北京乡村旅游实现高质量发展,在"两山理论"的价值逻辑中需要体现四个成果:一是乡村旅游绿色产业体系的构建以及吸引游客旅游消费;二是发展乡村旅游的地区能实现环境保护、资源节约,生态环境良好;三是乡村文化生活丰富,精神文明程度提升,以文化为底蕴推动产业化发展,实现文旅融合;四是经济、生态和文化发展不仅得以实现,而且能够协调发展,从而推动乡村旅游高质量发展水平稳步提升,更好地实现乡村振兴,打造乡村振兴新样板,助力北京乡村实现物质和精神生活的共同富裕。

4.1 经济与生态的耦合协调度分析

"两山理论"下乡村旅游高质量发展要实现经济和生态的双重效益,且要强调实现过程的协调度,因此,研究"两山理论"下乡村旅游的高质量发展,需要构建乡村旅游产业经济与生态环境的耦合协调度模型,从而对"两山理论"下的乡村旅游高质量发展做进一步评价分析。

4.1.1 理论基础

4.1.1.1 可持续发展理论

可持续发展理论内涵丰富,其产生和发展与社会经济的发展密不可分。工业文明产生以来,随着气候问题不断突出,学者对于生态环境的关注促使可持续发展理论迎来高峰期。在我国,人与自然和谐共生的思想与可持续发展理论相融合，绿色发展道路是可持续发展目标实现的重要途径已经成为学界的广泛共识。在"双碳"目标下，在乡村旅游的发展过程中，为实现可持续发展，要促使参与各方都走绿色发展道路。对于企业来说，在参与农村合作社联营的过程中，要以"两山理论"为价值遵循，根据"绿水青山就是金山银山"的转化逻辑，建立生态产业化和产业生态化的经济体系。生态产业化的过程就是从生态资源转化为生态资产，再转化为生态资本，最后实现生态产品价值的过程，实现生态产业化要引入市场运行机制，是以绿色技术研发为主要途径的创新，要使创新成为乡村绿色发展的重要驱动力。因此，走绿色发展道路才能助力乡村生态产业化的推进。实现生态资源有效的开发利用，要坚持算好社会效益和生态效益"两笔账"。对于合作社来说，实现了土地等资源的流转，为农民的生态致富提供了首要动力。然而，要实现乡村发展、人民生活富裕，还需要解决当地村民的就业问题。在企业的市场化运营中，解决当地村民就业，可以调动村民参与乡村振兴的积极性。村民在生态资源的产业化过程中获得收入，实现生态致富，也为盘活生态资源、助力乡村建设积蓄了人力和智力资本，符合乡村绿色发展的要求，契合"创新、协调、绿色、开放、共享"的新发展理念。对于个人来说，村民要形成绿色的生产生活方式，企业家和员工都要树立社会责任意识，助力乡村旅游可持续发展目标的实现。

4.1.1.2 系统耦合理论

系统耦合理论最早应用在物理学中，为了更好地探究两个或多个相互影响、相互关联系统之间的相互作用，系统耦合理论应运而生。随着国内外学者的逐步深入探究，系统耦合理论的应用也逐渐由物理学拓展到生态学、经济学等多种学科，为探究经济和生态间的协调发展提供了理论基础。系统耦合关系是指两个相近相通又相差相异的系统，不仅有静态的相似性，也有动态的互动性。通过探究，人们可以采取措施对具有耦合关系的系统进行引导、强化，促进两者良性的、正向的相互作用、相互影响，激发两者内在潜能，从而实现两者优势互补和共同提升。

对于人文、自然系统之间的耦合关系的研究，与社会经济的发展息息相关。早期的经济发展主要以能源消耗为代价，这带来了经济发展与生态环境的一系列问题，因此，学者开始关注经济发展与生态保护之间的协调关系，系统耦合理论开始被应用于生态、经济、社会等众多领域的交叉研究中。

4.1.2 经济与生态耦合关系的国内研究综述

基于我国国情，国内学者关于经济发展与生态环境的耦合关系的研究起步于 21 世纪初期，这与我国的社会经济发展情况、生态环境压力等现实国情息息相关。进入 21 世纪，我国的城市化速度加快，但同时也带来了资源环境压力。因此，早期学者以全国各省区的城市化数据为基础，对城市化发展与生态环境做了耦合协调分析，并发现了其存在区域的异质性（刘耀彬等，2005）。随着研究的深入，区域的研究针对性逐渐增强，大多数学者常常围绕某一个具体地区进行分析，比如，王明全等（2009）以吉林西部为例对生态与经济的耦合模型进行分析，刘新平和孟梅（2010）则以新疆地区为例进行相关研究。

但是，与经济社会发展形势相关，由于社会经济培育出新业态，也暴露出新问题，关于生态环境与经济发展的耦合关系研究也随之开始细分领域研究，比如具体到某一类生态资源、某一类社会问题、某一类产业发展等。就某一类生态资源的相关研究来说，宋成舜等（2013）以城市土地资源为例，研究了其社会经济效益与生态环境效益之间的耦合关系。就社会发展问题而言，罗能生等（2014）关注了城镇化与生态环境之间的关系，提出了城市群发展要走环境友好、资源节约、低碳减排的发展路径。陆佩华（2015）立足于城市研究，探讨了城市发展与生态环境和谐共生的协调演变关系，并对南通市进行了论证和评价。就不同产业类型的相关研究来说，任志远等（2011）研究了陕西地区的生态与经济发展关系，构建了农业生态环境与农业经济系统的综合评价指标体系并进行耦合分析，进而提出了农业可持续发展战略模式；而陈闯贤和闫述乾（2024）立足甘肃乡村的发展情况，采用耦合协调分析，对乡村的生态、生产、生活三者之间的协调程度进行分析。

关于旅游业的相关研究也起步较早，早在 2008 年，张燕（2008）等人以广西桂林为例，构建旅游—经济—生态复合系统评价指标体系，采用耦合协调度函数，初步构建了耦合协调度模型。后续众多学者立足不同的社会问题展开研究，其中，比较有代表性的有：罗盛锋等（2021）在构建生态系统、旅游产业系统和乡村社会系统的指标体系的基础上，运用耦合协调模型分析三者之间耦合协调度，并对如何促进生态和旅游在乡村的协调发展提出建议；王晗和周健（2023）以"双碳"为研究背景，将旅游经济与"双碳"目标结合，分析了旅游业、经济和碳生态的发展情况以及三者的协调状况，从而为旅游业的绿色可持续发展提供相应的策略建议。

总的来说，生态环境和社会经济的耦合协调关系是一个长期持久的研究热点，并随着社会发展不断深化，尤其是对于旅游业来说，旅游经济的发展与生态环境密不可分。同时，在迈向乡村振兴的道路上，北京的乡村实践多以发展旅游业为手段。因此，在高质量发展目标和乡村振兴的要求下，如何进一步在乡村协调旅游经济与生态环境的关系，实现乡村旅游的高质量发展则显得十分重要。

4.1.3 研究设计

4.1.3.1 研究思路

本书从两个层面对乡村旅游高质量发展下的北京生态系统和乡村旅游经济进行耦合分析，从而判断乡村旅游的经济与生态是否实现协调发展。一是基于宏观公开数据进行区级层面的宏观数据分析，二是基于生态大数据和乡村旅游大数据从乡镇层面对其进行耦合分析。

4.1.3.2 研究方法

1. 耦合协调度模型

设变量 U_i（$i = 1, 2, 3, \cdots, m$）是耦合系统的序参量，U_{ij} 用来代表第 i 个序参量的第 j 个指标值。α_{ij}、β_{ij} 用来表示耦合系统稳定状态下的最大和最小值，耦合系统的有序功效系数 U_{ij} 可表示为：

$$U_{ij} = \frac{x_{ij} - \beta_{ij}}{\alpha_{ij} - \beta_{ij}}, \quad U_{ij}\text{具有正功效} \tag{1}$$

$$U_{ij} = \frac{\alpha_{ij} - x_{ij}}{\alpha_{ij} - \beta_{ij}}, \quad U_{ij}\text{具有负功效} \tag{2}$$

式（1）和式（2）中，U_{ij} 值为 0~1，所反映的是各项指标能够达到目标值的满意程度。其中，U_{ij} 越趋向于 0，表示满意程度越低；U_{ij} 越趋向于 1，表示满意程度越高。U_i 的计算公式为：

$$U_i = \sum_{j=1}^{m} \lambda_{ij} U_{ij}, \quad \sum_{j=1}^{m} \lambda_{ij} = 1 \tag{3}$$

式（3）中，U_i 用来表示耦合系统第 i 年的综合评价值，λ_{ij} 用来表示耦合系统评价指标的权重。

乡村旅游经济与生态环境系统的耦合协调度模型的计算公式如式（4）所示：

$$C = \left[\frac{U_1 \times U_2}{(U_1 + U_2)^2} \right]^{\frac{1}{2}} \tag{4}$$

C 为两个系统的耦合度，U_1、U_2 分别用来表示乡村旅游经济与生态环境系统的综合评价指数。耦合度值为 0～1，如果 C 越趋近于 1，系统越趋向有序，为良性耦合；如果 C 越趋近于 0，系统越趋向于无序。

乡村旅游经济与生态环境系统的耦合协调度模型如式（5）所示：

$$D = \sqrt{C \times F}, \quad F = \alpha U_1 + \beta U_2 \tag{5}$$

式（5）中，D 表示耦合协调度，C 表示耦合度，F 是协调指数，α、β 为待定系数。

2. 莫兰指数和局部空间自相关

本书借助 ArcGIS 10.8 软件，使用空间自相关的方法探究北京市非核心区的乡镇和街道与游客流量的空间关系，之后利用地理探测器的因子探测方式计算各生态因素对乡镇游客人数的空间差异的解释力。莫兰指数是反映相邻区域单元属性值相似性的指标，也称为空间邻接。本书采用莫兰指数分析乡镇和街道游客人数的空间自相关性。公式如式（6）所示：

$$I = \frac{\sum_{i=1}^{n} \sum_{j=1}^{n} w_{ij}(x_i - \bar{x})(x_j - \bar{x})}{S^2 \sum_{i=1}^{n} \sum_{j=1}^{n} w_{ij}} \tag{6}$$

$$S^2 = \sum_{i=1}^{n} (x_i - \bar{x})^2$$

式（6）中，x_j 为空间单元 j 的游客人数；x_i 为空间单元 i 的游客人数；$\bar{x}$ 是游客人数的平均值；S^2 是方差；w_{ij} 为空间权重矩阵的元素。

局部莫兰指数用于探究游客人数空间集聚的规律和异常区域，描述高值区和低值区的边界。公式如式（7）所示：

$$I_j = \frac{(x_i - \bar{x})}{S^2} \sum_{j=1}^{n} W_{ij}(x_j - \bar{x}) \tag{7}$$

式（7）中，x_j 为空间单元 j 的游客人数；$\bar{x}$ 是游客人数的平均值；S^2 是方差；w_{ij} 为空间权重矩阵的元素。

3. 地理探测器

地理探测器的 q 统计量具有探测空间变异并揭示潜在驱动力的能力，q 值表示某个因子对某个地理现象空间分布差异的解释力。公式如式（8）所示。

$$q = 1 - SSW/SST$$
$$SSW = Nr^2 \tag{8}$$
$$SST = 1/(Nr^2) \sum_{h=1}^{L} N_h r_h^2$$

式（8）中，L 表示自变量（各项影响因素）的分层，即自变量分类分级；N_h 为层 h 的单元数；r_h^2 为层 h 的样本方差；N 和 r^2 分别为研究区域整体的总单元数与样本方差；SSW 和 SST 分别为层内样本方差之和与全区样本方差之和；q 表示自变量对因变量的解释力度，其值域为 $[0, 1]$，q 的数值越接近 1，表明该自变量自身的空间匹配程度越高，解释力度越强。极端情况下，某个自变量的 q 值为 1 时，表明因变量被该自变量完全控制，反之，当某个自变量的 q 值为 0 时，则表明两者毫无因果关系。

交互作用主要用于测验两个不同自变量的共同作用在多大程度上解释了因变量的空间分异情况，即不同影响因素两两交互作用对解释力度是加强、减弱还是该影响因素具有独立性。其评价方法主要是首先分别计算两个不同的自变量 X_m 和 X_n 对因变量的 q 值，即 $q(X_m)$ 和 $q(X_n)$，并且计算它们交互时的 q 值，即 $q(X_m \cap X_n)$，并对 $q(X_m)$、$q(X_n)$ 与 $q(X_m \cap X_n)$ 进行比较，X_m、X_n 分别为两个互不相关的自变量。两个因子之间的关系可分为以下几类，如表 4－1 所示。

表 4－1　两个自变量对因变量的交互作用类型

描述	交互结果
$q(X_m \cap X_n) < \text{Min}(q(X_m), q(X_n))$	非线性减弱型
$\text{Min}(q(X_m), q(X_n)) < q(X_m \cap X_n) < \text{Max}(q(X_m), q(X_n))$	单因子非线性减弱型
$q(X_m \cap X_n) > \text{Max}(q(X_m), q(X_n))$	双因子增强型
$q(X_m \cap X_n) = q(X_m) + q(X_n)$	相互独立型
$q(X_m \cap X_n) > q(X_m) + q(X_n)$	相互独立型

4.1.4 实证分析

4.1.4.1 基于宏观数据的耦合分析

1. 指标选取与数据来源

考虑到乡村旅游的游客影响因素以及数据的可获得性,本书参考了相关研究,将北京门头沟区、昌平区、怀柔区、平谷区、密云区、延庆区、房山区的2019—2021年空气质量指数、森林覆盖率、绿化覆盖率、人均绿地面积、林木绿化率作为北京乡村旅游的相关生态环境系统指标,相关数据来源于北京市各区的统计年鉴、北京市园林绿化局的公开统计数据。其中,由于林木绿化率在2021年未做统计,因此,本书通过计算2016—2020年的园林绿化率的年均增长率,对2021年的相关数据进行了预测补充。乡村旅游的指标为乡村旅游总收入、乡村旅游接待人次、高峰期从业人员数量,相关数据来源于北京市统计局及《北京区域统计年鉴》。

2. 熵值分析

本书运用熵权法使用SPSS 25分别对乡村旅游的生态环境指标和经济指标进行赋权,计算综合评价指数,赋权结果如表4-2和表4-3所示。

表4-2 乡村旅游生态环境综合指数评价指标权重

目标层	指标层	信息熵值 e	信息效用值 d	权重系数 w
生态环境综合指数	绿化覆盖率（%）	0.9987	0.0013	4.0%
	林木绿化率（%）	0.9931	0.0069	20.8%
	人均绿地面积（平方米）	0.9876	0.0124	37.5%
	森林覆盖率（%）	0.9892	0.0108	32.8%
	空气质量指数	0.9984	0.0016	4.9%

表4-3 乡村旅游经济综合指数评价指标权重

目标层	指标层	信息熵值 e	信息效用值 d	权重系数 w
乡村旅游经济综合指数	高峰期从业人员数量（人）	0.9214	0.0786	27.5%
	乡村旅游接待人次	0.8962	0.1038	36.4%
	乡村旅游总收入（万元）	0.8969	0.1031	36.1%

3. 耦合协调度分析

根据生态环境综合指数和乡村旅游经济发展综合指数判定北京乡村旅游高质量发展程度，需要对耦合协调等级划分区间、定性描述，评价标准参考已有研究，如表4-4所示。

表4-4　耦合协调等级分类对照表

耦合协调度 D 值区间	耦合协调等级
(0.0~0.1)	1
[0.1~0.2)	2
[0.2~0.3)	3
[0.3~0.4)	4
[0.4~0.5)	5
[0.5~0.6)	6
[0.6~0.7)	7
[0.7~0.8)	8
[0.8~0.9)	9
[0.9~1.0)	10

对上文整合分析出的生态环境综合指数、乡村旅游经济综合指数进行整理，通过 SPSS 25 进行分析，最终得到门头沟区、昌平区、怀柔区、平谷区、密云区、延庆区、房山区的2019—2021年的耦合协调等级，通过整理得到表4-5。根据表4-5可知，除2020年昌平区的耦合协调等级为4级外，其余各年份的协调等级均在5级及以上，这说明北京乡村旅游的经济状况与生态环境状况呈总体协调状态。北京乡村旅游较为深刻地践行了"绿水青山就是金山银山"的理念，其可持续发展前景乐观。

表4-5　各区耦合协调等级

地区	年份	耦合度 C 值	协调指数 T 值	耦合协调度 D 值	耦合协调等级
门头沟区	2019 年	0.747	0.379	0.532	6
	2020 年	0.548	0.364	0.447	5
	2021 年	0.626	0.334	0.457	5
昌平区	2019 年	0.972	0.505	0.700	8
	2020 年	0.826	0.158	0.362	4
	2021 年	0.977	0.245	0.489	5

续表

地区	年份	耦合度 C 值	协调指数 T 值	耦合协调度 D 值	耦合协调等级
怀柔区	2019 年	0.991	0.685	0.824	9
	2020 年	0.902	0.660	0.771	8
	2021 年	0.936	0.733	0.828	9
平谷区	2019 年	0.978	0.661	0.804	9
	2020 年	0.988	0.485	0.692	7
	2021 年	0.979	0.484	0.689	7
密云区	2019 年	0.965	0.704	0.824	9
	2020 年	0.999	0.621	0.788	8
	2021 年	0.969	0.794	0.877	9
延庆区	2019 年	0.991	0.820	0.901	10
	2020 年	0.972	0.520	0.711	8
	2021 年	1.000	0.655	0.809	9
房山区	2019 年	0.959	0.398	0.618	7
	2020 年	0.840	0.349	0.542	6
	2021 年	0.902	0.360	0.570	6

从地区层面来说，密云区、怀柔区、延庆区的生态环境和乡村旅游经济的耦合程度相对较好，其中延庆区的综合耦合协调度 D 值最大，平均协调等级最高，说明其耦合程度最好。首先，从地理位置来看，延庆区位于北京市中心城区的西北部，依山傍水，具有天然的自然资源优势，历史文化古迹众多且保护程度较好，这为延庆区发展旅游行业提供基础。其次，实现文旅融合是延庆区能够成功推动"绿水青山"向"金山银山"转化的重要动力。长城景区与山区乡村旅游优势互补，游客能够在欣赏自然与感受历史之中达到审美统一，在壮美风景与田园乡村之间达到心理和谐。文旅产品丰富多样，产业链条不断延伸，因此，文旅融合不仅是乡村旅游在开发过程中的手段，也是带动乡村旅游实现发展的重要拉力，也促使传统文化、当地民俗得到继承弘扬和发展。另外，全域旅游为延庆区乡村旅游带来众多游客，即乡村旅游的周边游有效带动了乡村旅游的发展。利用乡村的自然和人文景观，打通旅游线路，推动湿地公园、露营地、精品民宿等乡村旅游品牌的建立，大力发展全域旅游。最后，延庆区在推动乡村旅游的过程中，争取资金项目支持、引进优质企业、完善村企利益联结机制，为"绿水青山"向"金山银山"转

化提供了资金、技术和政策等一系列保障，从而助力"两山理论"的成功实践。

平谷区从2019—2021年的耦合协调度评分较高，总体达到协调状态。但是，根据表4-5也可以发现，平谷区的耦合协调度在2020年后，耦合协调程度呈现小幅度下降。房山区与平谷区相同，乡村旅游的经济与生态环境的耦合协调度总体良好，但是也从2020年开始，其协调程度也出现了小幅度下降。两个地区的耦合协调度呈现的小幅度下降应该与国内经济环境变化相关，导致旅游行业的生态资源向经济红利转变的效率降低。

门头沟区的生态环境与乡村旅游经济耦合协调程度在2019年处于较为协调的状态，但是2020年及以后协调程度下降，这说明门头沟区的乡村旅游和生态环境的协调发展从宏观上来说具有不稳定状态，主要体现在抗风险能力低，柔性不足。在"绿水青山"向"金山银山"转化的过程中，存在受外部因素影响的可能性。进一步对生态环境具体指标与乡村旅游经济的耦合协调度进行分析，如表4-6、表4-7、表4-8、表4-9、表4-10所示，通过比较门头沟区的森林覆盖率、人均绿地面积、绿化覆盖率、林木绿化率、空气质量与乡村旅游经济的耦合协调程度，可以看出门头沟区未来践行"两山理论"以及走可持续发展道路，还需要从森林覆盖率、绿化覆盖率、空气质量等方面进行优化。

表4-6　门头沟区森林覆盖率与乡村旅游经济的耦合协调度

年份	耦合度 C 值	协调指数 T 值	耦合协调度 D 值	耦合协调等级
2019 年	0.892	0.232	0.455	5
2020 年	0.710	0.201	0.378	4
2021 年	0.760	0.210	0.400	4

表4-7　门头沟区人均绿地面积与乡村旅游经济的耦合协调度

年份	耦合度 C 值	协调指数 T 值	耦合协调度 D 值	耦合协调等级
2019 年	0.663	0.506	0.579	6
2020 年	0.474	0.498	0.486	5
2021 年	0.562	0.426	0.489	5

表4-8 门头沟区绿化覆盖率与乡村旅游经济的耦合协调度

年份	耦合度 C 值	协调指数 T 值	耦合协调度 D 值	耦合协调等级
2019 年	0.520	0.069	0.189	2
2020 年	0.883	0.112	0.315	4
2021 年	0.923	0.119	0.332	4

表4-9 门头沟区林木绿化率与乡村旅游经济的耦合协调度

年份	耦合度 C 值	协调指数 T 值	耦合协调度 D 值	耦合协调等级
2019 年	0.725	0.408	0.544	6
2020 年	0.531	0.390	0.455	5
2021 年	0.570	0.412	0.485	5

表4-10 门头沟区空气质量指数与乡村旅游经济的耦合协调度

年份	耦合度 C 值	协调指数 T 值	耦合协调度 D 值	耦合协调等级
2019 年	0.794	0.325	0.508	6
2020 年	0.840	0.130	0.331	4
2021 年	0.692	0.264	0.428	5

　　昌平区的乡村旅游经济发展与生态环境综合指数在 2019 年的协调程度较好，与门头沟区类似，在 2020 年以后，两者的耦合协调程度也有所降低。通过对其各项指标的进一步分析，发现对其协调程度影响最为深刻的是绿化覆盖率、人均绿地面积两项指标，如表 4-11 和表 4-12 所示。因此，昌平区在后续推进乡村旅游工作中，需要加强对绿化工作的调整，同时要将城市和乡镇绿化做出特色以吸引游客，助力乡村旅游高质量发展。

表4-11 昌平区绿化覆盖率与乡村旅游经济的耦合协调度

年份	耦合度 C 值	协调指数 T 值	耦合协调度 D 值	耦合协调等级
2019 年	0.590	0.345	0.451	5
2020 年	0.861	0.164	0.376	4
2021 年	0.844	0.194	0.405	5

表 4 - 12　昌平区人均绿地面积与乡村旅游经济的耦合协调度

年份	耦合度 C 值	协调指数 T 值	耦合协调度 D 值	耦合协调等级
2019 年	0.997	0.577	0.759	8
2020 年	0.386	0.129	0.223	3
2021 年	0.969	0.239	0.481	5

4.1.4.2　基于遥感生态数据的耦合分析

本书以北京市远郊区的乡镇和街道为研究对象，探究微观层面上生态环境与乡村旅游客流量的关系。其中，生态环境要素主要选择年平均温度、归一化植被指数、细颗粒物、可吸入颗粒物以及月平均降水量，主要变量说明如表 4 - 13 所示。其中，年平均温度和月平均降水量数据来自国家科技基础条件平台——国家地球系统科学数据中心；可吸入颗粒物数据来自国家青藏高原科学数据中心；植被覆盖率数据是基于 Google Earth Engine 云计算平台利用 Landsat 5/7/8 遥感数据计算得到。游客客流量数据来源于银联智测顾问（上海）有限公司。

表 4 - 13　主要生态环境变量及说明

变量	英文缩写	单位
年平均温度	TEM	℃
归一化植被指数	NDVI	—
细颗粒物	PM 2.5	$\mu g/m^3$
可吸入颗粒物	PM 10	$\mu g/m^3$
月平均降水量	PRE	mm

1. 空间分析结果

利用 ArcGIS 10.8 软件分析了北京非核心区乡镇和街道的游客人数后，游客人数分布存在明显的空间差异。游客人数的空间自相关性较强，呈明显的空间集聚（见表 4 - 14）。结合其他分析结果进一步研究可知，核心区周边地区的游客人数较多，主要集中在昌平区东南部和房山区东北部，而游客人数较少的地区主要集中在北京市北部和西部地区。

表4-14 游客人数空间自相关分析

年份	局部莫兰指数	标准分数	显著性
2019年	0.561	13.542	<0.01
2020年	0.532	12.847	<0.01
2021年	0.476	11.536	<0.01

昌平区东南部的乡村旅游游客人数较多可能与靠近北京核心城区有关，具体原因包含两个方面：一是昌平区的地理位置优越，距离中心城区较近会带来相对的交通优势，相对于其他远郊地区的乡村，可能较多游客倾向于距离海淀区、朝阳区较近的昌平区；二是昌平区的地理位置可能会使昌平区有机会承接一部分核心城区的游客，或者部分游客会在饱览了核心城区的特色景区之后再去附近的乡村进行游览，既体会了古老城区的魅力又感受了淳朴的乡村民风，这对于游客来说，是一个较好的选择。

房山区的乡村旅游发展较为突出，乡村旅游经济与生态环境建设协调程度较高，且通过微观层面分析，总体相对于其他区来说，房山区的乡村旅游较好地践行了"两山理论"下的乡村旅游高质量发展，且取得了显著成效。产生这种效果的原因是多方面的：一是当地政府大力扶持，包括资金和政策的支持；二是当地乡村积极招商引资，吸纳社会资本，培育高品质旅游休闲项目；三是房山区大力发展文旅融合产业，打造精品项目；四是不断完善交通等基础旅游设施，推动构建内外一体化发展格局。

2. 地理探测器结果分析

（1）主要因素分析。

为探究生态环境对各乡镇旅游客流量的影响，利用地理探测器计算主要的生态环境因素对乡镇客流量空间分异的解释力，结果如表4-15所示。总体来看，各因素对不同乡镇客流量的空间分异均有一定的影响，且影响较为稳定，各年影响因素q值大小排序相同，说明生态环境因素对旅游客流量的影响较强，且较为稳定。其中，TEM的q值最大，其次是NDVI、PM 2.5、PM 10，PRE的q值最小。根据上述分析可知，生态环境对北京乡村旅游的影响程度较强，说明两者具有强烈的相关性。由于在生态文明建设的社会发展背景下，生态环境必然对北京乡村旅游的高质量发展产生正向的影响，即说明生态环境与乡村旅游呈现出正向的协调关系。此外，通过进一步比对还可以发现，这种正向的影响关系在 2020 年、2021 年并没有发生较大变化，反而保持相对稳定，这说明乡村旅游经济的发展即使在外部事件的干扰下或者在并不乐观的宏观环境下与生态环境的关系依然紧密，这充分说明了生态环境与乡村旅游的密切关联。

表 4 – 15　2019—2021 年生态环境因素对旅游客流量影响的 q 值

变量	2019 年		2020 年		2021 年	
	q 值	p 值	q 值	p 值	q 值	p 值
TEM	0.648546	<0.01	0.651243	<0.01	0.582892	<0.01
NDVI	0.527749	<0.01	0.541936	<0.01	0.523967	<0.01
PM 2.5	0.440781	<0.01	0.40708	<0.01	0.455166	<0.01
PM 10	0.337409	<0.01	0.374025	<0.01	0.404674	<0.01
PRE	0.30567	<0.01	0.204623	<0.01	0.254191	<0.01

这种正向的协调发展关系，要求推动北京乡村旅游经济和生态的双重发展，就必须以"两山理论"为指导。深入贯彻落实习近平生态文明思想，要做的不是在发展乡村旅游中仅守住生态红线，而是在发展乡村旅游中保护环境、节约资源，建立起低碳绿色的产业发展体系，塑造良好的生态环境，实现绿色发展。

（2）交互作用分析。

根据图 4 – 1 可知，总体来看，影响因素两两交互作用明显，q 值均有显著提升，且 2019—2021 年各因素交互后的 q 值变化不大。其中，TEM 与其他因素交互后的 q 值较高；PM 10、PM 2.5 与 NDVI 交互后，q 值得到的提升较明显，而与 PRE 交互后，q 值提升较小。

TEM 与其他因素交互后的 q 值较高，说明无论在何种情况下 TEM 对北京乡村旅游的影响都较大，而良好的生态环境，尤其是绿化、水文对调节气温产生积极作用。PM 10、PM 2.5 与 NDVI 交互后，q 值的明显提升也说明了植被覆盖与空气质量对乡村旅游游客来说都极为重要，且两者可能常常被看作一个综合体，再次印证了绿色、生态、健康的旅游环境对乡村旅游游客具有重要意义。这要求未来在北京乡村旅游迈向高质量发展的过程中，必须大力植树造林，进一步打造生态涵养区，统筹山水林田湖草一体化保护与修复，发展绿色的乡村旅游产业，为乡村旅游的高质量发展打牢基础，铺好道路。

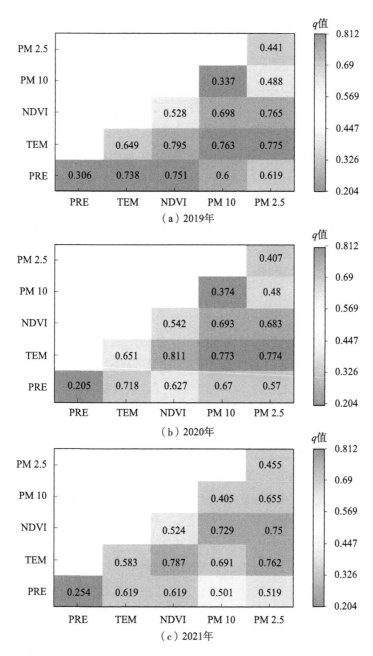

（a）2019年

（b）2020年

（c）2021年

图4-1 生态环境因素对旅游客流量影响的交互作用

4.2 文化资源的生态化与产业化

对于乡村旅游高质量发展中文化资源的生态化与产业化水平评估，由于定量分析方法中的指标选取和数据获取在研究中存在局限性，因此，本书选取了昌平区兴寿镇下苑村作为研究对象，通过案例分析对乡村旅游高质量发展中文化资源的生态化与产业化展开讨论。

北京市昌平区兴寿镇下苑村位于昌平区的东部，环境优美，交通便利。1995 年，一些艺术家来到下苑村一带，其中大多数艺术家是为了寻找一个既便宜又优质的创作环境和作品展示空间。下苑村具有独特的地理位置，风景秀丽，对外交通较为便利，人文气息浓厚，民风淳朴，自然条件较为优越。众多已经功成名就的艺术家在此自发形成艺术群落。受艺术家聚集效应的影响，一批批新的艺术家开始进入下苑村，并租住民房，来此学习、生活。经过多年的发展，如今常住下苑村的艺术家已有 80 多户，并且形成了以下苑村为中心，包含上苑村、秦家屯村、桃峪口村、东新城村、西新城村、辛庄村等多地的艺术家区，共有 200 多位艺术家生活在这片区域。下苑村的艺术发展涉及绘画、雕塑、书法、音乐、影视、设计等十余个门类。村庄经过多年的发展，文化产业链基本形成，已经成为著名的京北艺术基地。

下苑村在发展过程中，积极推动文化资源的产业化运营和开发，同时积极弘扬文化艺术，提升村民的审美能力，大力发展集体经济，实现了经济、文化、社会等多重效益。

首先，从乡村治理的角度来看，下苑村作为艺术集聚村落其涉及的治理主体较为多元。进一步分析发现，下苑村管理部门、艺术家、村民、企业等多方利益主体都对村庄治理产生影响，这是由下苑村的发展现实决定的，居住在下苑村的大批艺术家们实际上已经成为下苑村的"新村民"。早期，村民与艺术家的相处相对简单，即双方为房东与房客的关系，甚至在相处过程中会产生利益纠纷、生活矛盾等，艺术家们并未真正融入村庄。2019 年初，《住房和城乡建设部关于在城乡人居环境建设和整治中开展美好环境与幸福生活共同缔造活动的指导意见》中提出，广泛深入开展"共同缔造"活动。下苑村积极调动村民及艺术家积极性，鼓励村民腾退部分私人空间，建设集乡村风情与艺术元素于一体的公共村庄空间。同时,村委会、村民、艺术家作为村落的主体都积极履行参与村庄治理的主体责任,维护好各方利益,促进村庄多方主体共建、共治、共享真正落实,形成上下结合、多元共治的乡村治理体系。

从乡村产业开发的角度来看,下苑村村委积极推动文化的产业化发展,致力于将文化资源转化为经济效益,同时,利用文化资源的社会价值,实现双赢。因此,下苑村积极联合艺术家共同探索艺术市场,将"生产"艺术品和艺术服务作为产业的主要内容,同时,通过发展民宿、餐饮,为艺术市场的要素跨区域交流提供保障。新的产业发展道路呼唤新的经营主体,北京下苑文化艺术发展有限公司正式成立,开启了合作社自办企业的道路,推动文旅融合的产业发展。

2020年,由北京下苑文化艺术发展有限公司、驻村艺术家、村民共同出资成立北京下苑侃谱文化旅游项目开发有限公司,以便更好地利用市场化的手段进行产业化运营。值得注意的是,该公司规划发展民宿,但并非村民腾出自己房屋,而是以自家闲置的房间与村公司合作,盘活了闲置房屋。村民一方面可以获得租金收入,另一方面也可以获取村集体和村民共同分配的部分收益。在村集体的推动下,2018年6月,"下苑艺术生活节"正式开启。2022年,根据昌平区建设国际消费中心城市融合消费创新示范区的统筹安排,4月16日开始,"下苑艺术生活节"升级为"下苑艺术生活季",在没做宣传推广的情况下,活动开幕当天,这个小小的村庄客流量超过1000人次。

总的来说,在目前"两山理论"的实践过程中,北京地区的乡村旅游取得良好的发展成就,绝大部分地区的乡村旅游与生态环境实现了良好的耦合协调,但是还需要向高水平的耦合协调迈进,即实现乡村旅游产业经济与生态环境保护的双赢。同时,根据现有的实践案例可知,在文化资源的开发利用过程中,生态化的文化产业开发、文旅融合为乡村旅游高质量发展提供了不竭动力。因此,北京乡村旅游未来要实现高质量发展必须坚持"两山理论",推动自然资源和文化资源的生态产业化、产业生态化,进而实现社会、经济、文化、生态层面的多重效益。

第五章

"两山理论"下北京乡村旅游
高质量发展实现模式

"两山理论"既是乡村旅游高质量发展的价值遵循，又为乡村旅游高质量发展提供方法论借鉴。在"两山理论"的指导下，北京乡村旅游高质量发展具有多种实现模式。

5.1 "两化"的发展现状与问题分析

5.1.1 产业生态化的发展现状与问题

改革开放以来，我国坚持不懈地发展工业，已走过发达国家数百年的工业化历程。但是，我国对于产业生态化的理论和实践研究的时间较短。从总体上看，我国产业生态化水平不高，主要表现在以下几个方面。

（1）认识层面。首先，某些行业没有厘清经济发展与环境保护之间的关系，仍然存在先污染后治理的现象。其次，产业生态化必须充分重视经济效益、环境效益与社会效益的协同，某些领域对产业生态化理论本身的认识还存在误区，对通过经济增长方式转型实现能源效率提高、减少污染等可持续发展目标的关注不足。

（2）技术和理论层面。首先，虽然我国在提高资源利用效率的一些技术上取得了一定的突破，但能够支撑工业生态和循环经济发展的科技水平还比较落后，还没有形成比较成熟的适合我国国情的生态科学理论和技术支撑体系。其次，在产业生态化方面的理论基础较国外同领域还存在差距，而基础研究是提高产业生态化水平的重中之重。产业生态化的推广首先需要以大量的科学研究为基础，再结合国情进行技术开发，建设企业信息共享和技术互助平台等，从而提高产业生态化水平。

（3）制度层面。实现产业生态化需要有效的制度保障，目前我国在产业生态化过程中的相关制度尚不健全，主要表现在以下两个方面。第一，产业生态化发展的法律体系框架不健全。尽管我国制定了促进工业生态和环境保护的相应法律法规，但是仍然缺乏促进工业生态发展和资源节约与综合利用所需的配套法规,相关法律体系框架尚未形成,很难从制度上限制不利于产业生态的经济行为。第二,某些相关法律与政策未能及时同步更新,虽然在经济发展和生态环境保护方面的法律法规都十分明确,但两者配套度不足,进而弱化了以法律政策监管相关企业在保护生态环境、推进产业生态化方面的执行力度。

5.1.2 生态产业化的发展现状与问题

发展生态产业化能帮助农村实现乡村振兴,从而助推地区三大产业经济的衔接,还能够在地区生态环境基础上,盘活特色产业,实现经济和生态双重效益。目前,我国生态产业化的发展还面临一些问题。

我国大部分地区已初具生态产业转型意识,但在转型过程中面临较大的压力和挑战。部分依托生态产业化完成起步转型的地区,在项目落实和生态保护政策细化方面已经取得一定成果,但就国家整体生态产业化发展趋势而言,仍处在地区实验阶段,还未达到以点带面、大规模落实生态产业化。所以,在全国大部分地区推行生态产业化转型还存在一定挑战,需要各方对生态保护有足够的认识,要从经济发展广度与生态保护深度两方面持续推进。

相关部门对生态产业化的发展框架已经完成初步预设,但在细节路径方面还需要与其他部门进行对接。例如,政府相关部门围绕生态问题下发了一系列文件,但是因为文件涉及经济与生态等多方面问题,与很多部门相关联,特别是涉及经济与农业两大主体的相关部门。所以,在具体实践中,受限于多样式多路径的初步合作模式,相关部门需要加强对生态产业化发展的整体统筹。

生态产业化转型和发展的机制还未健全。虽然有些地区在政策上对企业制定了相应的市场约束机制,但是因为处于试验阶段,还有部分制度尚不完善。首先,对于自然资源的分类和核算方法没有明确的标准,自然资源资产化的制度体系不完善,先进的资源信息收集和处理技术不能广泛运用,给生态资源的量化和赋值带来困难。其次,国土资源的流转、开发利用政策不能有效落实,开发政策的民主化程度不够。此外,激励政策和监管机制存在漏洞,在生态产业化过程中容易出现资本逐利的现象,以及生态资源利用不合理、循环机制不完善等问题。

5.2 生态产业化

本书通过对国内多个案例分析总结，提出生态产业化的三种运营模式，即以农业为主的生态产业化模式、以工业为主的生态产业化模式和以旅游业为主的生态产业化模式。

5.2.1 以农业为主的生态产业化模式

生态农业的产业化是以生态约束力为约束条件，建立以种植业、林业、牧业、渔业以及在此基础上的延伸性产业，形成良性的产业，实现生态、农业与经济循环发展的重要目标。政府要拓宽融资渠道招商引资，积极培育新型的生态农业经营主体，形成"政府＋企业＋合作社"或"企业＋合作社"的运营方式。通过土地流转、技术改造，引导农村种植业走集体化、技术化的绿色种植道路。在户养整合、改建扩充的基础上，建设标准化、规模化、无污染的养殖基地。推广种养一体、种养互补的现代生态农业模式。利用种植和养殖业废弃物发展生物质能等清洁能源，实现物质循环、资源再生。将本地农副产品根据市场需求进一步深加工，提高农产品附加值，打造具有本土特色的生态产品品牌，避免同质化问题，构建产销结合、自我供给、生态养护的绿色农业发展模式。

5.2.2 以工业为主的生态产业化模式

生态工业是指依据生态经济学原理，运用新技术、新能源，建立起来的对自然资源充分合理利用和对生态环境无污染或少污染的一种现代工业生产形式。简单地说，就是能够实现社会经济可持续发展的绿色工业。实现以工业为主的产业化运营则是在生态资源的基础上，将生态工业及相关产业进行规划、融合，形成生态工业产业集群，实现生态和经济相协调发展。根据原有工业基础的情况，可以将生态的产业化推进分为两种方式。一是改造原有的粗放型工业的产业结构和生产模式，使用绿色原材料，引进节能技术，淘汰落后设备，促使原有工业向生态化转型。二是对于工业基础为零的地区，以农业生产为原料供给端，开展以农副产品深加工为主的制造业，囊括蔬果、肉食类加工以及工业品的设计制作等，运用互联网或以当地旅游业为平台，采取线上线下并行的宣传、销售模式，形成完整的工业产业链。一方面依托当地生产生活推广清洁能源，使能源供给具有可持续性。另一方面，建立废弃物处理系统，通过废弃物处理技术，实现废弃物的二次利用或科学处理。最终，形成产业链环节健全、生产过程无污染、物质能源循环利用的绿色产业体系。

5.2.3　以旅游业为主的生态产业化模式

生态旅游强调生态的保护，在开发者和旅游者的绿色行为双重作用下，使环境变化维持在可接受范围内，促进经济、社会可持续发展。以旅游业为主的产业化模式是在生态旅游的基础上，按照"生态化、集约化、市场化"的原则将不同的产业进行统筹协调，整体布局，并实现时间、空间上协同辅助，共同发展。推动生态旅游产业化需要发掘当地资源特色，以生态农业和当地特色文化为结合点，延长生态农业产业链，举办文化产业活动，开发乡村旅游产品和服务，促使不同产业相互融合、共存互补。从供给侧发力，通过发展多元化的生态旅游项目，比如文创、会展、绿色餐饮等，扩大消费市场，满足游客观光、体验、购物、餐饮、住宿、康养等全方位需求。利用互联网技术建设电商平台，打造"产、供、销"一体化的以旅游业为主的生态产业化模式。

5.3　产业生态化

与生态产业化类似，本书提出了产业生态化的三种实现模式，即以农业为主的产业生态化模式、以工业为主的产业生态化模式、以旅游业为主的产业生态化模式。

5.3.1　以农业为主的产业生态化模式

针对农业产业，产业生态化模式的主要任务是推进可持续农业发展，实现农业生态系统的平衡与协调。首先，实现生态资源的共享。在农业生态系统中，不同企业之间进行土地或水资源等自然资源的共享，从而提高资源利用效率；通过合作共入农业保险等，防御自然灾害等农业风险，实现彼此帮助，共同发展；进行农产品绿色生产，通过共同开展标准化种植、生产等活动，建立起绿色生产机制。其次，消费者参与。产业生态化运营模式将消费者纳入其中，鼓励消费者积极参与到绿色生产和使用的环节，促进农产品的可持续发展。以农业为主的产业生态化模式注重实现资源共享、技术创新、产业协调、绿色发展等方面的发展和提升，以推动产业可持续发展和最大限度地满足产业生态系统整体要求。

5.3.2 以工业为主的产业生态化模式

以工业为主的产业生态化模式，重在实现工业企业的资源共享和低碳、环保、可持续发展。首先，实现产业资源共享。不同企业之间共享人才、技术、设备、能源等资源，实现资源的有效利用。其次，进行绿色化转型。通过环保专项投资、工艺改进、清洁能源替代等方式，实现企业绿色化转型，减少环境污染，提高企业可持续发展能力。进行生态环境保护，建立完善的环境监测和治理体系，保障生态环境的稳定和可持续性。通过联合研发、技术转移等方式，促进企业创新，提高技术水平，增强企业核心竞争力。最后，塑造企业的绿色文化和承担社会责任。以工业为主的产业生态化模式注重资源共享、绿色化转型、生态环境保护、技术创新以及培育和践行绿色文化等方面的发展和提升，以实现企业可持续发展。

5.3.3 以旅游业为主的产业生态化模式

以旅游业为主的产业生态化模式重视和保护自然环境，充分利用资源，促进旅游业的转型升级，提高旅游产品的质量和竞争力。旅游景区作为旅游业的核心，是节能减排的首要区域。在旅游开发与资源利用中，应努力实施"资源开发、产品产出、可再生资源利用"的闭合循环模式，坚持以减少碳排放、再循环、再利用的理念对旅游活动的众多方面进行有效管理。以产业生态学为基础，对现有旅游产业体系和生产流程进行重构；要实现产品结构针对产业布局的战略性调整，达到产业链升级、优化产品结构的目的；要结合实际环境在引进技术的基础上，开发新型的环境友好技术来改造产业，提高旅游业数字化、智能化和非物质化水平；要增强产业技术投入与改造力度，从而加大废弃物再利用程度，控制污染物排放量，推进旅游经济和生态经济的协调发展。

5.4 "两化"协同发展

"两化"协同发展是一项复杂的探索实践过程。就目前来说，根据我国现有的实践经验和理论研究，经过总结提炼和补充，本书提出以农业为主的"两化"协同发展模式、以工业为主的"两化"协同发展模式、以旅游业为主的"两化"协同发展模式，以及三大产业融合的"两化"协同发展模式。

5.4.1 以农业为主的"两化"协同发展模式

在利用原有的农业资源的基础上，当地可进行农业改造，推广清洁型、节约型农业，优化种植结构，综合运用农产品及其附属产品，集中当地的闲置劳动力，整合以户为单位的家庭养殖，同时利用农业和养殖业的优势发展清洁能源，为养殖业和种植业提供电力支持，由此形成产业循环模式。还可将种植业和畜牧业的产品或副产品进一步深加工，引导手工业与种植业、畜牧业相结合，根据市场需求，积极利用电商平台等多种宣传和销售渠道，进行市场化运作，构建"政府+龙头企业+村集体"的运营模式，打造农产品特色品牌，建设生态农业产业园区，发展环境友好型、资源节约型的生态农业产业模式，最终取得生态保护与经济发展的双赢效果。

5.4.2 以工业为主的"两化"协同发展模式

根据当地资源环境工业利用情况的不同，可以将资源环境划分为两种情况，一种是已经开发的且正在利用的，第二种是尚未开发的。针对已经开发且正在利用的资源环境，当地应该坚持绿色、可持续发展的原则，坚持发展与治理和保护并重的原则，一方面推动产业技术的升级，淘汰落后的设备和技术，引进人才；另一方面创新治理和保护的手段，防止生态环境遭到破坏。对于尚未开发的资源环境，当地要结合农业发展情况，与第一产业、第三产业相融合，即根据当地的生态农业、旅游业发展模式，进行规划布局，将先天的资源优势和农业或文旅优势相结合，引入先进的加工、生产技术手段和"互联网+"的销售平台，结合当地资源条件，采用风能、太阳能或生物质能等清洁能源进行加工生产。

5.4.3 以旅游业为主的"两化"协同发展模式

依托自然生态资源的地理区位优势，可以以乡村旅游为核心发展特色餐饮、住宿、文创工艺品、民俗节日活动等辅助性产业；以"互联网＋""乡村＋""农业＋"等融合发展思路，在开发乡村民俗、乡村美食、乡村特产、农事体验、农家生活等特色旅游业态的基础上，因地制宜，发展"＋文创""＋电商""＋养生""＋养老""＋体育""＋健康""＋文化"等形式多样的个性化的乡村休闲旅游、乡村体验旅游、乡村康养旅游等产业新业态；逐步建立完善的服务业生态产业链，实现不同产业的相互带动、原料和动力的绿色循环，形成生态化的生产服务、专业化的经营管理、规模化的持续发展的生态产业化新局面。

5.4.4 三大产业融合的"两化"协同发展模式

在以上三种协同发展模式的基础上，各地区可结合自身原有产业特点，建立三大产业融合的"两化"协同发展模式。第一，强调生态优先，围绕"生态＋"，进行综合开发和产业集群，实现三大产业融合和可持续发展；第二，要有所侧重，通过三大产业融合，深入推进生态产业化和产业生态化，建立高质量绿色发展方式；第三，以生态促进三大产业融合为发展思路，推动生态要素向生产要素转化，不断注入高新技术，增加产品附加值，延伸产业链条，多元发力、多点支撑，逐步形成全产业链发展模式。

5.5 生态产业化模式下的路径分析

5.5.1 科学规划，因地制宜

推进乡村旅游的高质量发展，实现生态的产业化开发运营，与国土资源、生态文明、区域协调、乡村振兴等息息相关，关系到乡村居民的切身利益，需要正确合理的生态产业化的布局和实施规划。政府需要立足新的发展理念，树立大局观、长远观、整体观，为生态产业化科学布局。由地方党委、政府牵头，设立专家组联合农业农村局、自然资源和规划局、生态环境局、林业局、统计局等相关部门就当地情况进行实地调研，采用先进的计算机科学领域的新技术，比如基于信息的传感器技术、先进的生物计算方法和数据库系统以获取准确的生态资源信息。调研内容涵盖生态资源、自然环境、历史文化、经济状况、基础设施、人口住宅等六大方面，根据调研情况进行统一布局，整合现有的主体功能区划、自然保护地体系、生态功能区划、环境功能区划、生态保护红线、自然岸线等生态环境空间，落实"三区三线"的空间管控边界。建立健全规划、实践的指导政策和专家小组，落实责任制和监督制，优化国土资源空间，在耕地、住宅等人民切身利益问题上要根据国家现行的政策法规实现土地流转，循序渐进，鼓励人民，调动人民的积极性，推动土地流转规范有序进行。

"绿水青山"是"金山银山"产生的先决条件，不同的生态资源状况与自然环境条件下发展绿色经济体系的步骤和方式不同。各地区应该在各地自然环境和原始生态资源的基础上，正确评估当地资源情况和环境状况，把握本地区生态资源环境的优势和劣势，具体问题具体分析。鉴于北京的乡村以山地为主，兼有平原，多条河流穿过，具体表现为地势西北高、东南低。西部、北部和东北部三面环山，东南部是一片缓缓向渤海倾斜的平原。因此，对于乡村旅游的生态产业化的模式选择可以包含以下方面：对于以山地为主的乡村，根据地表覆盖情况可以发展生态林业产业或以果树种植为主的生态农业，开发生态农业观光园、农事体验园，进而发展旅游业；以平原为主的地区可以发展以养殖、种植农作物为主的生态农业，并在此基础上将部分农作物进行加工制造，发展第二产业，延伸乡村旅游产业链，借此构建农村绿色产业体系。虽然北京的自然资源利用状况相对理想，但是不免存在生态资源由于过度开采导致的生态破坏的情况。比如，过去对京郊煤矿的开采时，已经遭到人为破坏的生态资源，应该以修复和治理资源环境为首要任务；在修复成功的基础之上，再根据自身条件进行产业化布局，推动生态资源实现第二次产业化。不同资源环境和开发利用状况的典型生态产业化模式如表 5 −1 所示。

表5-1 不同资源环境和开发利用状况的典型生态产业化模式

地域	主要地貌	可利用资源现状	生态产业化模式
福建省南平市	山地	以山为主,森林遍布,兼有河流、湿地	①首创"森林生态银行"模式;②建设湿地公园,发展生态旅游
新疆和田沙漠区	沙漠	绿洲仅占3.7%,剩余面积基本为荒漠	①大力治理生态,转变治沙方式,科学规划治理;②打造绿色林果基地,建设"沙产业带"
甘肃省平凉市庄浪县	黄土高坡	黄土高坡,沟壑纵横,地陡土瘠,植被稀疏,农田遭受雨水冲蚀	①修建梯田,进行绿化;②建设农业观光园、休闲农庄;③山地梯田化、梯田产业化、沟道坝系化、流域生态化
浙江省宁波市余姚市梁弄镇	山地、湿地	地处山区、四明湖饮用水源保护区,耕地少,地块碎	①全域土地综合整治,村庄"内聚外迁",农地整理,建设用地复垦,湿地修复,山地生态林维护;②吸引社会各界投资合作;③大力发展红色教育培训、生态旅游、会展、民宿、农家乐等"绿色+红色"产业
云南省玉溪市抚仙湖径流区	内陆湖	以抚仙湖为主,兼有山地、森林、河流、湿地	①优化农业生产方式,引进种植大户、合作社等新型经营主体,建设生态庄园;②发展高原特色生态观光休闲农业和旅游艺术衍生品制造加工业;③推动三大产业融合发展
山东省院上镇九顶山	山地	以废弃矿山为主,兼有丘陵分布,不科学的开采导致生态环境脆弱,地质灾害问题经常发生	①采用市场化机制引进社会资本,采用先进的技术手段修复遭到破坏的生态环境;②在修复成功的基础之上,进行开发利用,打造"矿山地质环境综合治理+产业发展"的典范,实施"废弃矿山为核心区建设葡萄酒庄,周边区域辐射发展葡萄种植"

5.5.2 生态资源的资产化

生态资源是经济发展的优质资源,生态产品既有公共产品的属性,同时也具有经营性产品的属性,在生态产品价值实现过程中,应充分认识到生态资源所蕴含的经济价值,真正认识到"绿水青山就是金山银山"。生态产业化的首要问题就是自然资源转化为生态资本的问题,即推动"山水林湖草"变为一项可衡量价值的"资产"。生态资源的价值核算是生态资源资产化的关键,自然资源的核算主体需要以政府为主导,组成自然资源核算的专家组,根据实际情况将当地的自然资源划分为 8 个类别,即国有土地、矿产、国有森林、国有草原、湿地、水、海洋和自然保护地。与划分类别相衔接的就是自然资源的产权归属问题,要建立资源数据管理平台或确权登记中心,确保数据完整、资料详实,便于规划和调配,为后续的工作提供数据资料支撑。自然资源地在确权的情况下,可以将其划分为已经开发的生态资源、尚未开发的生态资源和已经遭到破坏的生态资源,根据实际情况建立自然资源资产核算制度,核算其经济价值和生态服务价值。生态资源的价值核算为后续资本化的实现开辟道路,各地可以在政府部门的统筹下,将已经确权核算的生态资源作为资本纳入"生态产业绿色经济体系"。

在自然资源的整合过程中,由当地政府部门或村委员会负责将当地的生态资源进行"打包",统一整合,避免出现产权主体不清晰、生态资源零散化、"利息"分配破碎化以及群众矛盾等一系列问题。当地政府要积极健全相关的配套服务平台,比如市场化的融资机构或者大数据管理平台,方便后续高效地管理与运营。以大数据技术为依托做好旅游资源信息管理。协助自然资源部门,建立信息登记、储存云平台,依靠大数据技术,做好和乡村旅游相关的自然资源信息管理工作。此外,利用数字化技术,对数据、信息变化进行监测,构建自然资源在乡村旅游中利用开发的适时变化、动态监测系统。联合互联网企业或部门,形成覆盖乡村旅游的利益相关方的信息互联网络。此外,要把握各地区的特色做法、成功案例进行经验推广、宣传,比如福建南平、浙江安吉等地的实践案例。统一组织适合发展乡村旅游的地区相关负责人员实地学习、考察,形成乡村旅游共建互助的全国乡村旅游关系网络。

5.5.3 生态资产的资本化

在整个的生态产业绿色经济体系中,需要引进社会资本,最终构建以市场为导向的绿色经济运营体系。处理好政府与外部资本的关系，是顺利引入社会资本、开启市场化运营的重要条件。在引入外部资本的初期，考虑到外部资本的成本和风险问题，政府部门需要出资建设运营平台和相关的基础设施或制定优惠政策，以吸引外部资本的加入。在产业化阶段的早期，政府在资本、政策上作为主导力量应该积极引导，确保生态产业化绿色经济体系的发展理念、发展方向、发展道路的正确性。通过股份制合作，将政府出资、外部企业投资和集体资源作价入股联合起来，形成股份制的产业运营机制。除此之外，实现与企业的合作还可以采用租赁、赎买等多种方式。对于已经遭到破坏且自然力无法修复的生态环境，政府通过创新生态修复投融资途径，如绿色债券、生态补偿、回购协议等，吸收社会各界的资本，共同治理和修复已经遭到破坏的生态环境。修复成功之后，政府可以将其进行定价核算来投入产业化运营。

5.5.4 建立生态审计和监督机制

党的十九届三中全会以后，国家成立自然资源部并向地方派驻自然资源督察机构，实现对自然资源管理和利用的全方位督察。政府要积极配合、协调自然资源督察机构的督察工作并出台一系列有关生态文明建设的政策法规，使整个产业化过程有法可依、有章可循。健全督察巡视、审计体系，加强环境司法体制的建设，建立与之相配合的环境行政执法部门或队伍，确保生态监督、管控体系的权威性、高效性和统一性。全体经营者共同确定产业化效益的指标体系，涵盖环境保护、资源利用、人民生活、经济发展、产业升级以及文化风情等内容。建立人民群众广泛参与的基层生态环保监督体系。参与生态产业化的全体人员不仅是整个产业体系的经营群体，更是社会治理体系的参与者，要将中国特色的社会治理思想、理念融入基层监督体系中来，增强社会各界的生态和环保意识，调动普通群众的积极性和主动性，促使监督、审计机制民主化、大众化。整个运营主体内部也需要成立内部审计监测机构，同时，建立自然资源产权信息分享平台，使民众了解自然资源的相关政策文件、开发利用情况，发挥环境保护协会等民间组织的外部监察作用，建设生态文明全民参与机制。

5.6　产业生态化模式下的路径分析

5.6.1　产品和服务的生态化

　　产业生态化的目标之一就是产品和服务的生态化，通过技术创新、绿色研发推动产品和服务的绿色化、生态化。首先，对于制造业企业来说，要优化生产过程，降低能源消耗和污染物排放，实现循环利用和节约资源的目标，减少环境负担，提高产品的品质和降低制造成本。其次，在产品和服务创新的过程中要推出更加环保和节能的产品，符合人们对绿色产品的需求，以获得市场竞争力。尤其是对于旅游企业来说，优先发展环保和文创产品，一方面可以减少对环境的损害，另一方面还可以弘扬传统文化，获得综合效益。最后，无论是制造业企业还是服务类企业，都应该加强产品及品牌的宣传，以绿色生态的产品和服务作为自己的核心竞争优势，打造绿色品牌，树立良好的企业形象，为企业赢得社会的认可和信任，进一步提高产品的品质和核心竞争力。

5.6.2　生产和技术的生态化

　　在产业生态化发展中，环境保护是至关重要的。企业通过科学综合治理，实现环保和经济效益的双赢，减少耗能和污染物排放。首先，企业要推动设备和生产工艺的升级转换。通过这些低耗能、高产出的生态设备和工艺，一方面减少生产过程中对资源的消耗和污染物的排放，另一方面提升生产效率，加快资源转化的速度和质量，大大降低企业的生产成本。其次，企业要加强对污染物的治理和回收利用。企业可以通过优化生产工艺和制造流程，将废弃物转化为资源，增加产品的可回收性和再利用性，增加产品的寿命周期并降低环境负担，从而实现资源的循环利用和减少废弃物的产生量。最后，引入低碳循环的生产模式，这不仅要求企业打造生态化的企业发展理念，还要求企业改变原有的高耗能、高污染或"竭泽而渔"的商业思维，将经营目光投向长远，与国家"双碳"目标相契合，从底层逻辑上实现企业营运模式的绿色化、生态化。

无论是生产设备还是生产工艺的转型升级都离不开技术的支撑。企业要牢牢抓住技术创新这个"牛鼻子",积极利用好国家出台的一系列创新政策,加大自主创新的技术研发力度。针对资金不充裕的问题,企业之间可以进行联合创新、协同创新,从而减少创新成本。此外,企业可以引进新技术,减少自主研发的长期成本。

5.6.3 全产业链的生态化

产业生态化要求不同企业之间合作共赢,共同推进产业的可持续发展。要在全产业链建立起信息共享、技术共享、资源共享等机制,实现企业协同互助,避免资源浪费和重复建设,从而提高整个产业的效益。此外,政府要在产业链中积极发挥协调各方的作用,在产业内建立信息共享平台,让各企业之间可以互相了解市场情况、行业发展趋势等信息,并在此基础上制定更明智的发展战略。不断推进协同创新,加强企业间信息流动和资源共享,以实现产业链的优化升级和资源的共同利用。通过技术创新和研发合作,提高企业的技术水平和生产效率,避免资源重复投入。在推进循环经济的过程中,企业还应注意以经济效益为中心,坚持科学发展观,支持科技创新,加强企业的社会责任感,推进企业可持续发展。最后,要建立产业生态循环链。企业应通过与相关企业建立联系,建立产业生态循环链,实现各企业间废弃物和副产品的循环利用。

5.7 "两化"协同模式下的路径分析

在中国特色社会主义进入新时代的背景下,要以习近平生态文明思想为指导,贯彻创新、协调、绿色、开放、共享的新发展理念,推进产业生态化和生态产业化协同发展。推进"两化"协同发展的基本思路是:进一步推进三大产业融合发展,并将其纳入整体战略布局中,以产业改革与创新为动力,以协调发展为整体发展方式,以绿色发展为基本要求,以开放发展为必由之路,以共享发展成果为目标。

5.7.1　以产业改革与创新为动力

树立创新意识，创新是推动产业生态化和生态产业化协同发展的第一动力。要寻找发展经济的新途径，减少对自然资源和自然环境的依托，积极利用创新精神探索新的生态产业化的发展模式；用生态文明的思想探索经济发展的新模式，深刻认识经济发展与保护生态环境之间的辩证关系。

深化供给侧结构性改革，探索规模化发展道路。从产业供给侧结构性改革入手，推进产业与生态的融合发展，要根据国际先进水平提升产业体系的整体供给质量，以市场化方式推进"三去一降一补"。加快新旧产能的联系与互换，让企业有更强的市场竞争力。生态产业化要以企业和市场为核心，补充生态建设资金，增强生态效益竞争力，为农民创造就业途径，探索新的"造血型"道路，加强贫困地区内在发展的动力。

5.7.2　以协调发展为整体发展方式

统筹规划，政府、企业、市场协同推进。"两化"协同发展需要多方协调和保障，需要政府、企业、市场参与主体的协同努力，采取自上而下与自下而上相结合的方式，同时吸取国际经验。政府要发挥引导作用，建立创新性体制，将生态资源作为公共产品并指导建立市场机制，完善生态资源社会服务体系；制定鼓励和支持性政策，提高企业进行产业生态化和践行生态文明建设的积极性。企业要积极响应政策导向，实施标准化生产，为市场提供优质的生态产品和服务，兼顾经济利益和生态利益。

在空间布局上，实施区域协调发展战略。重点构建"两化"协同发展的示范基地，形成生产链完整、功能完善、产业多样、生态环保的新发展格局。结合功能区划分，并根据人文因素、自然因素、空间因素等多种因素和发展特点，加快完善我国生产布局，推进生态涵养区的资源合理开发与利用，发展生态友好型产业，使区域生产结构更加平衡、协调。

5.7.3　以绿色发展为基本要求

保护生态环境就是保护生产力，改善生态环境就是发展生产力。要将绿色发展融入生产发展的全过程，坚持在发展中保护，在保护中发展，形成节约资源和保护环境的空间格局、产业结构、生产方式和生活方式。要牢固树立底线思维，坚持生态优先，划定不能触碰的"红线"，从生态、环境、资源三个方面构建起生态保护的屏障，培育生态优势，通过生态产业化运营，将生态资源转化为生态资本，实现生态资源的保值增值。要在全社会范围内重视生态文明建设，弘扬绿色发展理念，形成"绿水青山就是金山银山"的共识。

发展绿色经济，提高低碳经济和循环经济的发展水平。全产业生态链由多个产业组成，是实现产业与生态深度融合发展的主要模式。农业端要进行资源重新分配，全面深化农村综合改革，健全农村产权流转交易市场，让更多的物料资源向农村流转，引导农村农业向生态农业转化，进一步形成更有益于生产和生态相结合的发展新形式。工业端产业模式要转换提升，推动工业技术创新发展，重点建设工业生态化生产。通过引导、支持与支援，让更多的龙头企业建立绿色生产基地和生态加工基地，并提供统一的社会化服务，形成生态工业的生产经营模式。

5.7.4 以开放发展为必由之路

在经济全球化时代背景下推动"两化"，开放发展是必由之路。要构建"两化"协同推进的新机制，培育新模式，形成新格局，以推进产业结构的绿色转型与升级。重视产业间融合互动，构建生态与各产业之间交叉融合的现代产业体系；重视生态与产业的拓展和延伸，进一步推动我国经济、生态等方面协调发展，使三大产业各环节有机整合。

积极拓展国际市场并融入国际竞争。要积极维护全球自由贸易体制，鼓励相关领先技术不但要"引进来"，而且要"走出去"，全面融入全球产业链、价值链和创新链，进一步加强在国际市场中的竞争力，坚持加深双向的对外开放。加强与"一带一路"共建国家在产业技术、生态能源等领域的国际合作，着力建设自由贸易试验区、自由贸易港。

5.7.5 以共享发展成果为目标

让广大人民群众共享发展成果，是社会主义的本质要求，是社会主义制度优越性的集中体现。通过实施"两化"协同发展，社会共同参与、共享良好宜居的生态环境和生活空间。能够望得见山、看得见水、记得住乡愁，人与自然和谐共生，满足人民日益增长的优美生态环境需要，这是最公平的公共产品，是最普惠的民生福祉。

坚持以人民为中心，突出全社会共建共享。例如，通过"两化"的协同发展实现乡村振兴，让广大民众共享发展成果，满足人民对日益增长的美好生活的需要，使人民在共建共享中享有更多获得感、幸福感和安全感，朝着共同富裕的方向稳步前进。同时，这也会反过来激发人们对"两化"进一步协同发展的认可和动力，逐步建立内生发展机制。

| 第六章 |

"两山理论"下北京乡村旅游
高质量发展的策略

根据"两山理论"下乡村旅游高质量发展的定义,本书重点把握"绿水青山"的"原真性"和经济价值、"转化机制"的生态化和产业化要求、"金山银山"的效益综合性,结合乡村旅游的自身特质,提出以乡村振兴战略和共同富裕为着眼点,以"生态性"和"原真性"为重点,打造具有乡村旅游产业优势的乡村旅游高质量发展策略。

6.1 强化目标导向,引导乡村旅游助力乡村振兴

大力推进乡村旅游发展是助力乡村振兴的重要途径,践行"两山理论",推动乡村旅游高质量发展,要牢牢把握乡村振兴的时代脉搏,使"产业兴旺、生态宜居、乡风文明、治理有效、生活富裕"成为乡村旅游高质量发展的实现要点。要实现农业、乡村旅游共同发展,推动建立与乡村旅游产业相融合的现代化生态农业体系,致力于乡村产业兴旺。要综合治理乡村环境,建设美丽乡村,落实"生态宜居"的方针要求。要发展乡村旅游的文化产业,传承和发扬好传统文化,发扬好时代精神,达到乡风文明的效果。"治理有效"要求通过发展乡村旅游优化乡村治理结构,提升乡村治理的有效性。乡村振兴要求实现人民生活富裕,发展乡村旅游事业必须将人民作为旅游产业工作机制的中心点,通过发展乡村旅游事业为村民提供更多的就业岗位,不断满足村民全方位的需求。

6.2 营造产业优势,走实现高质量发展的绿色道路

6.2.1 把握"科学性"和"经济性",打造符合实际的产业模式

各地资源禀赋不同,要充分利用地理信息技术掌握当地自然资源状况,

深入调研、走访，挖掘乡村的特色民俗文化，正确认识当地的乡村旅游资源情况，因地制宜。首先，在当地政府、村集体和专业团队的科学规划的前提下，在正确认知乡村旅游资源的经济价值的基础上实施开发。其次，要遵循市场规律，培育新型经营主体，进行细化落实。最后，根据乡村旅游资源的利用情况不同，或从已开发和未开发的角度来说，已开发的实施重点首先落在产业生态化；未开发的地区着重实施生态产业化。根据乡村旅游资源类别的不同，要规划和选择不同的乡村旅游产业模式，比如依托于优美的自然风光，可以开发乡村旅游景区观光；依托于农业文化遗产，可以建立农业文化遗产游览、主题教育基地；依托于农村的非物质文化遗产，如古村落、民间技艺等，可以建设以文化产业为主体的乡村旅游产业体系等。在上述基础上，还可以根据自然环境的不同、文化特色的不同，打造具有地方特色的乡村旅游产业模式。比如，云南抚仙湖径流区依靠抚仙湖优势发展特色农业，建设以高原特色的生态休闲农业和旅游艺术衍生品加工制造业为主的乡村旅游品牌；浙江省嵊州市以地质遗迹为基础，挖掘当地农业文化遗产，进行集地质遗迹资源保护、特色农产品生产、地质文化与旅游资源开发为一体的旅游探索，实现地质文化助力乡村振兴；江西省庐山市白鹿镇依托江右文化，以白鹿洞书院和摩崖石刻为名片，建设成为江西省旅游名镇。

6.2.2 突出"生态性"和"原真性"，培育乡村旅游产业特色

在"两山理论"的实践模式下，乡村旅游的开发以当地自然环境和特色文化为依托，在相当程度上避免了同质化现象，同时要将当地人民在新时代的生产生活的精神风貌、奋斗征程融入乡村旅游场景，成为旅游产品的一部分，综合形成各地独特的旅游品牌和竞争优势。

6.2.2.1 实施生产、生活绿色工程，抓实"生态性"

"两山理论"下的乡村旅游要突出其生态特色，这种"生态性"不仅表现在产业体系上，而且表现在作为乡村旅游系统中的乡村生活中。首先，要在旅游产业体系层面实施绿色工程。一是探索建立生态股利分红政策，由政府持有并投入乡村环境保护工作中；二是建立用于改进产业内绿色技术的专项盈余公积，致力于研发低碳、循环的技术；三是建立健全生态审计制度和生态督察制度，分别监督与生态环保相关的财务和生产、运营状况；四是政府制定旅游行业生态制度和标准，进一步规范市场秩序。其次，要在整个乡

村环境系统层面实施绿色工程。除了村容村貌的整洁优化，还有居民生活方式的改变，建设乡村的污水处理、垃圾分类以及新能源开发等基础设施，宣传倡导绿色生活理念和方式，建成乡村集体参与的绿色工程。

6.2.2.2 保护挖掘乡村特色文化，守住"乡村性"

乡村独特的农耕文化、田园景观以及当地村民的生产生活都应该作为乡村旅游的重要内容，田园生活、农业生产都与乡村文化相互交织，阡陌纵横、鸡犬相闻的乡村人文景观和勤劳淳朴的乡村生活气息不仅是构成当地文化的重要元素，更是吸引久居城市或漂泊异乡的游客来此旅游的重要原因。在旅游产业方面，首先要建立完备的文化资源库，形成文化资源流转机制。其次，加强乡村旅游从业人员对当地文化、民俗风情的了解、学习。此外，开发具有当地文化特色的旅游产品，如举办民俗文化节、农耕产品交易活动以及开发民俗产品、文创设计，建立农事体验园、农耕文化博物馆、农耕风俗活动，体现我国各地区从事农业生产的独特性，传承和发扬我国悠久的农耕文化、农耕精神，在历史文化的基础上打造现代农业景观。在文化传承方面，地方政府要发挥引导者的作用，把握文化方向，做好地方志编纂、申遗等相关文化工作；新乡贤要发挥推动作用，利用自身在群众中的威望，倡导推动优秀传统文化在乡村的传承和发扬；村民要发挥主体作用，传承好民俗文化、保留好民居景观、发扬好淳朴民风。

6.2.2.3 吸纳新时代的奋斗征程，彰显"时代性"

现阶段，我国劳动人民勤劳致富为实现脱贫攻坚、全面建成小康社会而奋发图强的征程，以及在"两山理论"指导下谱写的辉煌生态篇章也是当地社会历史的一部分。要注重乡村素材的积累，把新时期的历史篇章镌刻到乡村旅游的图景中去，通过主题教育、景点塑造、文创开发，使之成为乡村旅游的精神文化产品。立足乡村土地，讲好中国故事，让乡村旅游内容随时代变迁而不断丰富、发展。

6.2.3 强调"创新性"和"绿色化"，开发乡村旅游产业新动能

"绿水青山"转化为"金山银山"，既要求转化结果的高质量，也需要转化过程的高效率。一是依托大数据技术推动乡村旅游产业运营迈向智慧化。在营销端，通过大数据技术刻画用户肖像、记录游客体验将联通乡村旅游产

业和消费者，整合信息资源。一方面针对市场需求精准定位，另一方面根据信息反馈、收集和分析，为游客开拓新的旅游市场，引导消费者消费，从而优化资源在整个乡村旅游产业链条的配置，有效提高全要素生产率，推动乡村旅游的高质量发展。在产品供给端，将数字化技术运用到虚拟场景体验，再造乡村的历史变迁过程，引发游客共鸣。在产品消费端，引入区块链技术应用于产品消费场景，提升游客消费的效率和安全性。二是通过绿色技术建立低碳、循环的乡村旅游生产和生活系统。利用乡村农业和人口优势发展生物质能以及太阳能为代表的清洁能源，为旅游产业、生态农业以及相关服务产业提供动力支持，并有效处理废弃物，建立起清洁能源生产、供给、利用、再生的循环能源利用体系，为乡村旅游产业提供新动能。

6.2.4 创新融资和营销方式，完善评估和监督体系

在自然资源的开发利用过程中，资金问题至关重要。虽然自然资源可以通过核算变为具有经济价值的生态资产，可以通过与社会企业合作的方式作价入股。但是，也有部分乡村采取乡村合作社的方式，一是村民个体力量薄弱无法吸引到社会资本，二是可以在一定程度上避免在开发过程中出现过度商业化问题。

6.2.4.1 用好乡村振兴、环保等专项资金

乡村旅游合作社融资问题不仅涉及文旅事业，还与乡村振兴息息相关。要寻找乡村振兴资金中的投入项目与乡村旅游开发项目的结合点，比如将保障粮食生产和发展生态农业观光结合，基础设施建设与乡村旅游交通、网络设施相结合等，同乡村振兴有关部门共同用好财政资金。在"两山理论"的指导下，自然资源的产业化运营开发，其实质也是"绿水青山"向"金山银山"转换的生态环保项目，环保资金也是作为生态产业化的乡村旅游可以利用的资金的一部分。

6.2.4.2 建立乡村旅游生态资源融资渠道

地方文旅部门可以借鉴"生态银行"模式，由地方政府主导将要开发的乡村旅游生态资源统一"打包""收储"。一方面，农民个人可以通过经营权、承包权的"储蓄"获得资金，由个人建立个体经营的乡村旅游饭店、民宿。另一方面，拥有全村（域）的自然资源使用权的政府、集体，可以进行

招商引资，通过与社会资本的合作，获得资金，为后续乡村旅游的产业化运营打下基础。

6.2.4.3 转换思路，部署乡村生态旅游营销模式

地方政府举办乡村旅游生态产品和服务博览会。单纯的游客体验、感知，并且逐个体验、反馈，一方面不能深入把握乡村旅游的生态文化内涵，另一方面由于自身条件的局限性无法体验不同地区乡村旅游的异质性，往往容易导致游客难以实现二次消费或保持新鲜感而持续消费。政府有关部门可以举办乡村旅游博览会，重点推出乡村旅游的生态产品和服务，根据地方文化、生态优势统筹安排筹划，保障不同地区的乡村旅游的优势、特色都能彰显。

政府要积极配合，协调自然资源督察机构的督察工作，并出台一系列有关生态环保的政策法规，使乡村旅游在资源开发和利用过程中有法可依、有章可循。各地区文化旅游部门要建立乡村旅游督察巡视、审计体系，建立与之相配合的乡村旅游监察队伍。乡村旅游的开发者在文旅部门和自然资源部门的指导下共同确定产业化效益的指标体系，评价内容主要包括乡村旅游中的生态保护、文化传承、新能源利用、绿色产品和服务消费状况，利用先进的人工智能等数字化技术进行监测、反馈，使绿色运营体系能做到及时调整、及时控制。在乡村旅游产业体系内部通过设置奖励、表彰等方式建立人民群众广泛参与的乡村旅游生态监督体系。

6.3 着眼民生共享，落实乡村旅游高质量发展服务共同富裕

乡村旅游的高质量发展的最终落脚点在于惠及民生、解决社会矛盾。推进乡村旅游高质量发展与共同富裕的内在统一需要做好以下两个方面的工作。

第一，在乡村资源流转、招商引资、新型经营主体的内部治理和利益分配等问题上充分依据法律法规，健全制度保障机制，充分保障参与各方的经济利益得以实现。首先，要充分尊重和保障村民的权益。在土地等生态资源流转过程中不仅需要科学规划，还要征求各方意见，尤其是村民的意见，杜绝在土地等生态资源流转过程中出现违背村民意愿、强拆强征的现象。在资

源收储、打包的过程中，当地政府应该采用多部门联合的形式确保生态资源的数量与价值核算公正合理，从资源要素层面，保障村民的资产享有权利。在生产经营过程中，凡是遇到重大决策，必须根据合同要求，按照实际情况问计于民，协同决策，保证村民的生产经营权利。在利益分配过程中，产出红利的分配需要透明公开，保障村民的收益权。其次，要发挥基层党组织的引领作用。在乡村旅游开发的初期，在乡村党支部的准确定位下，确定"两山理论"的指导思想，明确将"绿水青山"转化为"金山银山"，并要实现"金山银山"共有共享的总目标。党组织不仅要确立这一政策目标，还要将其贯彻到行动中，要在选择社会资本进行合作之前，筛选形象好、口碑好、社会责任评分高的企业进行合作，还要在平常的工作中将乡村旅游实现共同富裕的目标宣传到群众中去，增强村民实现共同富裕的信念感，从而凝聚力量。在培育新型经营主体、成立乡村旅游合作社时，村集体要致力于明确合作社产权，促进收入公平分配，带动共生关系进入适应阶段，形成互惠共生模式。在后期的产业开发中，党组织要协调矛盾和冲突，保障村民享受红利和权益，保障游客顺利出行。最后，要建立监督考核机制。考核内容不同于对"绿水青山"向"金山银山"转化效果的考核，重点是考核乡村旅游产业效益是否在合作社与社会资本之间公平分配，村集体的收益是否在村民之间公平分配。同时，拓宽监督渠道，建立村民参与、企业参与的公平分配监督体系。通过以上举措，最终保障乡村旅游各参与主体都能获益，形成乡村旅游的互惠共生模式。

第二，在绿色工程、文化传承方面，要将其深入渗透到企业、居民的生产经营、生活习俗当中，使全体参与人员切实在优美的环境、繁荣的乡村文化、良好的绿色旅游生态中实现个人发展。使游客在乡村旅游的过程中，看到绿水青山、感受到乡愁、体会到乡土民风。这主要表现在共同富裕的精神文化层面。对于当地村民来说，要引导村民参与到传统文化、民俗文化的传承中去，组织开展丰富多彩的文娱活动，尤其是要引导村民参与。只有村民热情参与，民俗文化才能落地，才能真正传承，而不是躺在古籍或者博物馆中。村民在丰富的文化生活中，不断提升自己的文化修养、文明程度，因此获得精神文明的共同富裕机会。而在绿色工程即绿色产业体系的构建中，要促使生态文明理念在参与乡村旅游绿色产业体系的所有人员中潜移默化，比如开展生态文明职业教育、知识竞赛等，播种绿色发展理念，丰富全体参与人员的生态文明素养。此外，企业在积极履行社会责任、践行"两山理论"

的过程中，要鼓励员工抱有家国情怀，弘扬新时代精神，为实现乡村振兴、共同富裕而奋斗。

6.4 着眼未来需求，培养多元化北京乡村旅游人才

6.4.1 人才困境分析

从开发主体的角度分析，市场上存在"政府+企业+农户""企业+合作社+农户""个体农庄""政府+企业+旅行社+旅游协会""农户+农户"和"村集体+企业+农户"等多元化乡村旅游开发主体模式，这些方式突出了人才在乡村旅游发展中的优势引领作用，同时激励更多优秀人才加入。

但是，通过研究一些乡村旅游的案例，我们发现目前乡村旅游事业发展过程中面临诸多人才困境。留在故土多是一种无奈之举，骨子里的勤劳使得农户要找份差事谋生，农户自身受教育水平有限，缺少当代服务意识，因此只能从事一些简单的、初级的服务接待工作，参与性不高。农户在工作环境中获得提升技能水准的机会较少，主动学习的积极性不高。种种局限性的存在使得乡村旅游可以帮助农户解决就业问题，通过工作获取的薪资解决生计问题，但担负不起传承与保护乡土文化的任务。农户要更重视乡村旅游的可持续与高质量发展问题，清楚乡村旅游产业的发展对于乡村振兴的含义。多数高校毕业生基于"走出去见世面"和"追求高薪"的心态涌入大城市，仅有少数毕业生选择回乡，其中旅游管理专业相关毕业生更是少之又少。有些高校毕业生回乡可能是因为对故土的眷恋和安稳的工作，后者在有些人看来更加重要。多年来，乡村地区早已习惯高学历人才的走向，一些乡村旅游项目吸引力不足，部分高校毕业生对乡村旅游发展前景的认识有限，难以长期留在乡村。而村民对回乡人员期待值过高，希望短期内能获得显著的利益，特别是经济利益。

6.4.2 人才需求分析

在乡村振兴战略的政策加持下，乡村旅游发展的转型升级对培养乡村旅游人才提出了新的需求。

6.4.2.1 科学技术能力

在数字时代发展的背景下，乡村旅游对科学技术的依赖性逐渐增强。5G技术、互联网、物联网、大数据、人工智能、云计算、AR/VR/MR、卫星导航技术成果等逐渐运用于乡村旅游产业。借助物联网、大数据、人工智能、云计算等技术建设的智慧旅游服务平台，将政府、商家、景区、游客四者联系在一起，游客了解景区信息、旅游线路、旅游评价，政府部门进行行业监管、应急与安全管理，商家和景区进行营销与服务，共同提升旅游体验。各大景区借助互联网、大数据、云计算等技术手段推行"线上预约""游客限量""错峰出行"，兼顾游客体验和安全；"一机游"平台模式的兴起，整合目的地的旅游资源，全力开拓旅游市场，并在"出游前""出游中""出游后"为游客提供智慧化综合旅游服务，加速了文旅产业的数字化转型升级。

数字消费催生了云旅游、云演艺、云娱乐、云直播、云展览等新业态。很多时候人们离不开自己的惯常环境，直播行业在此期间迎来井喷式增长，微博、哔哩哔哩、抖音、快手等新媒体平台上涌入很多视频作者开始线上直播，当取得一定流量并与商家达成协议后，视频作者成为主播开始直播带货，大量"好物"走入直播间。从传统的线下售卖方式转移至线上主播带货，拓宽了产品销售市场，使千里之外的顾客可以看到、听到产品的具体销售信息，提升了潜在顾客的数量；同时，线上直播卖货也节省了线下宣传推广费用和实体店面的租金成本；顾客可以直接在直播间提出疑问，主播、助理等人可立刻给出回复，提升了沟通效率。例如，河南省信阳市新县吴陈河镇在2021年9月14日开设了抖音号"新县乡村第一书记"，日常开设直播，直播内容主要是推介新县"九镇十八湾"的风景、宣讲党的惠农政策以及宣传当地的农特产品，助力乡村振兴，取得了良好效果。旅游博主等在微博、哔哩哔哩、抖音、快手等新媒体平台发布优质视频引起观众的互动与共鸣，"游客"可以边搜边游，足不出户畅游景区，多数小众景点通过视频崛起，走红网络。

6.4.2.2 创新创业能力

乡村旅游产品同质化现象比较严重。全国各地乡村旅游经营者通过简单地将其自家庭院房屋、鱼塘、果园收拾装饰，打造出农家乐、垂钓、采摘园等乡村旅游业态，既没有地方特色，也不够精细；农副产品经过初加工，便直接销售或者大批量往外地销售，农民获取利润的空间有限；文创产品的设计理念还停留在初级阶段，多数景区商店售卖的文创作品是把景区的图片直接印在帆布包、扇子、杯子上等，商业气息比较重，不能较好地展示深刻的文化内涵，游客感觉不到"惊艳"；当下乡村旅游创业项目多数门槛低、技术含量少，并未取得理想的效果。以上种种现象的存在，不利于乡村旅游转型升级及乡村旅游高质量可持续发展。为了改变这种现象，需提升乡村旅游人才的创新创业能力，只有创新创业能力提升了，乡村旅游人才才会有新思路，用新模式助力乡村发展。

互联网给乡村旅游的发展提供了一个良好的创新创业平台。以住宿为例，2021年11月，文化和旅游部公示了58家甲级、乙级旅游民宿，给乡村旅游住宿业发展指明方向。从线上视角分析，农家乐经营者可从微博、微信公众号、抖音、快手、小红书等多种渠道中学习优秀的设计理念、运营理念，将传统农家乐的经营模式转移至旅游民宿上来；邀请相关专家遵循当地的乡村特性、文化内涵，将农家乐重新策划、设计，建造成高端民宿；当民宿做到一定的规模后，政府部门、民宿协会可联合经营者们整合当地民宿资源，打造线上房源，开展线上营销，带动民宿经营者们分散创业，降低风险。另外，鼓励高校学生、旅游企业的工作人员、本地农户等多种群体参与到旅游线路设计、文创产品开发、农民丰收节活动方案策划等系列活动中，切实提高创新创业水平。

6.4.2.3 复合管理能力

我国将全面进入大众旅游时代，"旅游+""+旅游"业态融合发展趋势越发显著。市场上已出现研学旅游、康养旅游、生态旅游、医疗旅游、高铁旅游、文博旅游、红色旅游、农业旅游、体育旅游等多种业态产品体系，这些业态产品的存在意味着开展跨界合作，打破行业壁垒，需要具备复合型能力的旅游人才。因此，乡村旅游人才不仅要具备旅游行业的知识，还要懂得教育、农业、医疗等专业知识；不仅要熟知游客的消费行为特征，还要主动引导游客消费，转变消费习惯；不仅要有跨界旅游产品体系的理念，还要敏锐掌握乡村旅游业的跨界业态产品的发展趋势、变化规律；不仅要具备跨界业态产品的运营管理能力，还要了解跨界业态产品在同类型市场中的竞争力。当年轻人成为旅游消费市场的主体人群，新兴的沉浸式体验项目也为乡村旅游人才探索跨界业态创造新机遇。传统的游玩方式很难满足年轻人的需求，他们更向往 VR 体验馆、密室逃脱、剧本杀等具有震撼力、刺激性、娱乐性、游戏性的沉浸式体验项目。在 VR 体验馆里，佩戴上一副 360 度 VR 眼镜、坐上 3D 动感摇椅，加上灯光控制系统，听觉、视觉等感官不断得到刺激。游客可前往不同的场景：走进历史博物馆，与文物对话，聆听文物背后承载的故事；玩过山车游戏比真实的过山车更加刺激，避免呕吐的尴尬；实现开着宇宙飞船深度遨游太空的愿望。而密室逃脱和剧本杀创造了年轻人社交新方式，不会出现尴聊、冷场局面，并且每个玩家都有很强的参与性。

6.4.3　人才培养策略

基于乡村旅游人才发展中存在的问题以及对人才培养的新需求，本书将着重从乡贤、高校学生、本地乡土人才、企业工作人员四方面探索乡村旅游人才的培养路径。

6.4.3.1　乡贤示范带头探路

从成长环境来看，乡贤可分为"守土"乡贤、"返土"乡贤、"外来"乡贤、"外籍"乡贤四种类型。"守土"乡贤，土生土长于这方土地，连接起本地村民和外来游客，促使城镇文化与乡土文化发生冲击、碰撞与融合，并对本土文化进行重构。他们也是政府、企业和社区、村民的协调者，当有矛盾发生时，乡贤具备的德行、才能、声望等特质使其能够通过沟通妥善化解矛盾。"返土"乡贤，在城市里通过努力奋斗获得一定的资金、资本、技能，政府干部、本地村民应对其给予充分的认同和金融政策支持，保障其基本生活条件。他们的回归无疑给乡村旅游创业注入了新鲜血液，一方面通过对本土村民培养实现乡贤再造，另一方面"返土"乡贤能够成为乡村旅游创业的引领者和探索者，引领村民依靠当地旅游资源发家致富，探索乡村旅游创造财富的经营模式。村民应给予足够长的时间全方位看待"返土"乡贤创业取得的成果。都市"外来"乡贤，通过利用自身经济优势在乡村进行投资，深度参与乡村旅游的发展，倡导其以"自我融入"的形式成为该地区的一分子进入本土旅游社会网络，自发为该地区谋取福利，在本土乡村旅游网络中担任旅游大使角色，传播先进的文明旅游理念、生态文明理念，提升该地区的旅游素养。"外籍"乡贤，来自国外，属于"外来"乡贤的一部分，对本土文化高度认同和推崇，可在政府、村民的支持下担任该地区向其国家进行宣传推广的国际旅游大使。政府可为其进行授牌，认可其为该地区开辟新的国际旅游市场，促进国际之间乡村旅游的双向交流。

6.4.3.2 汇聚高校学生力量

由政府牵头，带动旅行社、酒店、景区等乡村旅游企业与该地区的高等院校开展合作，签署文化和旅游方面的长期校企合作协议。乡村旅游企业可协助高校参与制定学生培养目标、培养计划、培养方案；合作编著乡土教材，走进大、中、小学生课堂，成为旅游管理相关专业的学生的必修课程；文化和旅游部门协调乡村旅游企业为高校学生提供实训环境；乡村旅游企业可提供校外实践教学基地，并提供实习岗位，协助学生完成校外实习、社会实践、毕业设计；正式招聘时，同等条件下优先录取合作方毕业生。学生在了解当地的旅游资源、民俗文化后，可参与文创产品和旅游线路的设计、景区的讲解，学习规划运营相关知识；学生可担任文明旅游使者，在中国旅游日等特殊节日，开展文明旅游宣传教育活动，发放文明旅游宣传资料，向游客普及文明旅游知识，增强文明旅游意识。从线上视角来看，文化和旅游局、宣传部、各景区则以开通官方媒体账号，邀请学生出谋划策，围绕旅游资源、地方美食、节日活动等素材撰写公众号文案、视频脚本，拍摄图片、视频，从事视频配音等工作。学生可以担任本地村民的"指导老师"，传授照片、视频拍摄技巧，帮助村民开通抖音、快手账号，指导拍摄并上传视频，通过发布创作视频获得创作收益，使村民人人都成为旅游宣传大使，既起到宣传推广作用，又能通过自媒体平台获取收益。农作物丰收时期，学生可以指导村民通过线上直播售卖农副产品，将农副产品放在线上商店销售，方便顾客购买。在寒暑假期间，旅游企业可以为返乡的大学生群体提供实践机会，鼓励大学生群体积极参与旅游志愿者队伍，在实践结束后给大学生发放志愿者证书。

6.4.3.3 凝聚本地乡土人才

本地乡土村民包括多种不同群体。通过实地走访搜集本地乡土村民的性别比例、年龄比例、学历水平、工作经历、旅游活动等资料。鼓励就业不理想、日常有一定空闲时间的乡土村民参与到乡村旅游中。政府部门成立"乡学院""乡村旅游培训实验班"，由本地乡土人才、旅游企业经营管理者、旅游企业打工人担任学生角色，邀请国内文化和旅游界专家、高校文化和旅游专业老师讲授乡村旅游基础知识，引领本地乡土人才弥补理论知识，增加管理者和打工人的乡村旅游知识储备。提高村民参与乡村旅游建设的积极性，倡导保护旅游资源、乡土文化；村民从外来游客视角出发整治自家庭院、厨房、厕所,改善村容村貌;支持村民以闲置房屋、工艺技术、手工艺品等形式投资入股,共享乡村旅游发展红利。在周末和寒暑假期间,面向青少年启动"小小志愿者"活动,青少年经过培训后可提供景区讲解、引导游客、旅游咨询等志愿服务。

6.4.3.4 指引企业工作人员成长

企业工作人员包括乡村旅游企业的经营管理者和旅游企业打工人。对工作人员的成长进行指引,并与乡村旅游发展紧密联系起来。政府部门对乡村旅游企业优先给予扶持政策,旅游企业按照阶梯层级兑现旅游企业和优秀员工相应额度的奖励;结合旅游企业经营理念、工作人员的学习和工作背景,完善人才培养方案;旅游企业内部常态化开展工作人员技能培训比赛,对培训结果进行考核,分出等级,依据考核成绩在员工间倡导"一对一帮扶",提升工作人员整体服务水平,同时给予优等学员同等情况下优先选择工作上班时间的奖励;组织工作人员赴国内旅游业标准化示范单位观摩学习,提升自身旅游服务技能和质量;经营管理者之间形成相互信任、和谐友好的人际关系,避免同类型旅游企业相互恶性竞争。

6.5 立足社会现实,加强从业人员生态文明的职业教育

6.5.1 重构知识体系,改革教学模式

旅游学科有着天然的交叉属性,在"新文科"建设的背景下更要强调知识的创新和学科之间的交叉渗透,将旅游学、市场学、管理学、电子商务、现代传媒等专业知识进行深度融合,不断夯实学生的专业基础,力求打破学科壁垒,推进融合教学。围绕经济、社会、旅游发展的新需求,要将现代信息技术科学融入和赋能于教学实践,借助新技术、新产业重塑旅游教育的知识体系,将现有的旅游类课程与新媒体技术、计算机科学、地理信息技术等交叉融合,构建在互联网背景下高质量旅游人才必备的知识结构。充分利用全时空、多维度的教育资源,结合大数据可视化技术等新型教学手段,在综合线上教学、智能教学的基础上开发多形式的课堂教学组织形式。另外,要

充分认识到旅游专业实践性强的特点，结合虚拟现实技术和增强现实技术搭建导游业务模拟、酒店餐饮模拟、会展业务模拟等实训课程平台，从而培养"一专多能""一精多会"以及有知识、有能力、有素质的"三有"旅游人才。

6.5.2 立足民族文化，打造旅游"金课"

旅游作为对外文化交流的重要窗口理应肩负起传承中国文化的重要任务，旅游教育是推动这一使命实现的重要途径，我国所培养的旅游人才要到国际交流的第一线去，讲好新时代的中国故事。从挖掘、保护和传播当地文化入手，打造具有明显地缘优势的旅游"金课"是旅游专业高水平、强特色的关键。在"新文科"建设的背景下，乡村地区旅游"金课"的打造既要固本正源，又要精于求变，将本地区文化作为传统文化与现代化之间的桥梁，将民族精神、民俗文化、风土人情等融入课程教学设计中。通过对当地文化的深入挖掘，与专业知识相结合，把握个性化、多元化和研究型教学的内涵，重构课程教学体系，融合信息技术的手段，让民族文化资源获得更多受众，加强学生的民族文化认同感，为民族文化"走出去"培养更多高层次的旅游人才，努力打造具有特色的学科体系、学术体系与话语体系。

6.5.3 建设生态文明教育必修课程体系

旅游从业人员缺乏生态文明知识、环境保护意识是乡村地区生态平衡被打破、影响旅游可持续发展的原因之一。对旅游职业教育的学生开展生态文明教育迫在眉睫，生态文明融入乡村地区旅游职业教育的实践路径主要从以下三方面进行，分别是构建生态文明基础必修课程体系、构建多元化的理论教学体系、构建"政府＋企业＋学校"的实践教学体系，其中生态文明基础必修课程体系的建设是生态文明教育的关键环节。

6.5.3.1 构建生态文明基础必修课程体系

国家明确提出要推进生态文明教育，将生态文明教育纳入国民教育体系。基于当前时代发展的客观需要，旅游业的可持续发展和社会、文化发展现状，在旅游职业教育中增添生态文明必修课程具有必要性。

（1）课程目标。课程目标是课程体系的重要前提，回答了"为什么教""为什么学"的问题。生态文明课程目标的设置要围绕学生的个体需要和社会发展的现实需要两方面。学生的需要可分为现阶段的需要和长期的需要,不同年龄的学生不仅在身心发展上具有很大的不同,在接受知识的能力上也存在差异,不同学段的学生能够学习什么和需要学习什么同样是要考虑的问题。在时间维度上,生态文明课程目标的设置要把当前和未来社会的需要相统一;在空间维度上,要统合国家和民族发展的需要,把培养学生解决社会问题的实践能力放在重要地位。具体来说,生态文明课程体系目标主要包括以下几方面。第一,要掌握生态文明的相关基础理论知识。学生要通过基础理论知识的学习,清晰地认识人类的发展历程,熟悉当前生态文明建设的法律法规、环境保护的现状以及采取的措施和方案。第二,要增强生态文明意识。意识对实践具有决定性和主导性作用,通过生态文明教育形成正确的绿色环保意识,从而指导实践。第三,要形成正确的生态文明观。通过生态文明教育,学生要正确认识人与自然之间的关系,形成完善的生态文明理念。第四,要养成良好的生态文明行为习惯。

(2)课程内容。课程内容是课程体系的核心,直接回答了"教什么""学什么"的问题,课程内容的设置要以课程目标为依据。生态文明课程内容从生态文明认知教育、生态文明观念教育、生态文明实践教育三个层面确立。生态文明认知教育是通过向学习者传授生态文明概念、重要性和环境发展现状等理论知识,加强学生对生态环境的认识,树立学生的危机意识,增强其责任感和使命感,令其在未来的生活和工作中自觉践行。正确的观念意识才能有效指导实践,在阅读了大量文献和借鉴其他优秀学者研究成果的基础上,生态文明观念教育可从生态价值观、生态自然观、生态全球观、生态伦理观、生态法治观等方面进行。

(3)课程实施与评价。在生态文明课程体系中,课程实施回答了"如何教""如何学"的问题。第一,要构建良好的生态教育环境。主要体现在校园的建筑、绿化、布局等方面,以及学校的宣传栏、班级板报、官方网站、公众号等,都能体现生态文明理念。第二,生态文明课程的实施是一个动态的过程。实施过程中势必会受到诸多因素的影响,因此,在课程实施时要充分考虑学生自身的发展规律,体现阶段性和连续性原则,注重课程实施过程中师生之间的互动性与平等性。第三,教师要将课程计划转变为课程实践。将能力的培养贯穿于整个课程体系。课程评价是课程体系的重要组成部分,它回答了"教得怎么样""学得怎么样"的问题。评价要遵从全面性原则和客观性原则,围绕知识、技能、素质构建考核评价标准,应从课程目标、课程内容、课程实施等多环节进行评价。评价的主体要有广泛性，评价的方式要有多样性。

6.5.3.2 构建多元化理论教学体系

（1）学习模式互动化。生态文明教育自身具有实践体验的特点，因此不能只依赖于传统的讲授方式，要让学生更深刻地理解生态文明的内涵，要创建以学生为主的"互动性课堂"。教师在讲授中把知识点引入，以小组为单位让学生进行自主讨论，适当加入案例以组织学生进行更深入的探讨，小组成员各自发表意见并提出最后结论，目的是让学生学会用批判性的思维去分析问题和解决问题，老师可做适当的评价与总结。教师还可以采用"角色扮演""情景模拟""头脑风暴"等方式提高学生参与课堂的积极性，以此达到课堂教学的目的。同时，教师在教学过程中要讲清生态文明的内涵，以及为什么要树立生态文明理念，实践中应该怎样做，让学生明白生态文明的意义，引导学生进行理性思考，防止抵触心理。由于生态文明教育课程涉及政治、环境、生物、历史、法律等多种学科，对教授课程的老师要求极高，因此任课教师要不断提高自身的生态文明专业知识水平和素养，从而潜移默化地影响学生。

（2）教学方式信息化。在"互联网＋"背景下，通过互联网技术和信息化手段，教师可以提前把预习的课件、视频、资料等上传，发布相关预习任务，正式上课前，学生进行自主预习，教师通过互联网平台跟进学生学习时长和任务完成的进度。充分利用学习软件，分享国内专家、学者和高校教师进行的线上课程讲授，将 PPT、知识点和课程资源整合分享给学生，实现教学不受时间和空间的限制，随时随地教学。这样的"互联网＋教育"的形式，可以将枯燥的理论知识转化为图片、视频等多种形式，有利于学生主动思考问题，有效提升学生上课的积极性。随着智能手机的普及，手机终端的 App 也可以成为学校进行生态文明教育的重要载体，可以通过学校官方微信公众号、微博等，发布关于建设美丽中国、保护地区生态环境等相关内容，使学生利用碎片化的时间了解生态文明知识，逐渐使其在潜移默化中接受并宣传生态文明知识。

6.5.3.3 构建"政府＋企业＋学校"的实践教学体系

生态文明教育涉及政治、生物、历史、地理、法律、环境等多个方面，具有很强的综合性和实践性，仅有生态文明的理念是不够的，还需要有践行生态文明理念的能力。生态文明教育的内涵不仅是让学生理解生态环境的重要性，更重要的是激发学生对生态环境保护的使命感和责任感，将理念转化为内在的动力，以此更好地进行实践。因此，要不断提高旅游职业教育学生的生态保护实践能力，这就需要政府、企业、学校等多方面的共同协助、紧密分工，促使教学实践情境化。

政府做好调控带头作用，可采取减免税收等举措，鼓励旅游职业协会、企业、学校共同培育人才。发挥政府的调控作用，促进各部门之间的沟通，监督旅游企业的行为。政府是生态文明理念的倡导者，也是相关法律法规的制定者，要充分利用生态环境部门、大众媒体等宣传平台加强对生态文明理念的宣传，博物馆、图书馆定期举办生态文明主题活动，充分发挥在方向引导和实践指导上的作用。

企业和学校加强合作，形成成熟的校企合作模式。企业为旅游职业教育学生提供实习的机会，促使学生将生态环保知识和技能用于专业岗位实践操作之中。实习指导老师应当鼓励学生结合岗位和企业的需要，积极参与企业和社会的生态文明实践，不断提高生态文明实践能力，在一步一步实践中将生态文明理念融入工作的每一个环节。

学校创造性地开发实践活动，组织生态文明专题教育，定期开展专题讲座、座谈会等；组织生态文明主题竞赛，形式包括但不限于辩论、征文、摄影、绘画等；积极利用植树节、世界环境日、世界水日、世界气象日等环保节日开展实践活动；定期开展志愿活动，给学校周边居民讲解垃圾分类的意义，如何进行垃圾分类，参与"牛皮癣小广告"清理等；进入景区，志愿为游客讲解生态文明知识。学生在亲身经历生态保护的过程中深入理解所学的知识，积极地投入生态文明建设中。

6.6 创新发展主体，强化高质量发展组织保障

如何实现生态资源向生态资产、生态资本的演进变化，将生态资源的经济价值、生态价值和社会价值有效地发挥出来，关键是经营主体的运作经营。乡村旅游的情景下，尤其是在没有旅游产业基础或者发展经验的乡

村中，经营主体的缺失是阻碍生态产业化和产业生态化的重要因素。因此，为了在乡村实现自然资源的整合、运营和增值，弥补乡村以一家一户为单位的小规模生产经营的缺陷，解决资金短缺、融资难的问题，应探索新型的经济组织模式。

6.6.1 培育新型经营主体

良好的组织形式是乡村旅游高质量发展的必然保障，新型的经营主体可以为乡村旅游提供智力支持、财物支持，能更好地适应新时代乡村产业经济发展的要求，从而成为推动乡村振兴、共同富裕的有效抓手。就乡村旅游来说，新型的经营主体可以实现乡村旅游高水平的运营管理，在高水平的运营管理中，创新成为第一动力。科学技术的广泛应用转化——为促进旅游产业持续发展的强劲力量。以绿色低碳循环为目标，走绿色发展之路、开放之路，才能更好地协调各个经营主体之间、企业实体之间、产业之间的关系，协调乡村和城市的生产要素和资源配置，并以造福人民作为企业的社会责任，更高效地创造财富和文化，更公平地实现共有共享。

由于不同地区、不同乡村的发展阶段不同、资源禀赋各异，村集体的经验、力量也各不相同，因此，在培育新型经营主体实践"两山理论"的过程中需要形成不同的组织形式。根据我国的"三农"相关政策，结合国内的实践经验，现有的乡村旅游新型经营主体主要包括合作社、股份公司以及两者的结合体，具体为"合作社""企业 + 合作社""合作社自办企业"等。

6.6.1.1 合作社

乡村旅游合作社是农民专业合作社的一种类型，由广大农民自愿联合形成的互助性经济组织，采用民主管理形式，通过组织成员开展旅游相关业务、经营活动及服务，共同分享收益，是农民把"绿水青山"作为合作资本，通过分工合作、统一管理实现集约经营，有效转化为"金山银山"的模式。在践行"两山理论"过程中，在上级政府的指导下，由村党支部牵头，将个体农户组织起来，形成村集体合作社。农户可以以土地等其他享有经营承包权的自然资源或者财产、资金为基础，作价入股，因此基础上形成股份制乡村旅游专业合作社。在推动"绿水青山"向"金山银山"转化的过程中，农户一般以土地流转为手段，将"自有"的自然资源作价入股，流转到以合作社为代表的村集体中,合作社对收储的村集体自然资源进行整合、打包,从而实现资源的集约化利用。在合作社的集体优势下,发展乡村旅游不仅具有丰富的资源优势,在未来的生产与经营中,合作社还可以对参与到乡村旅游产业中的农户进行培训,提升从业人员素质,保障乡村旅游市场秩序,推动乡村旅游实现高质量发展。由于乡村旅游合作社是一种集体的利益联结机制,因此,根据农户在合作社中的"股权"占有份额以及所做贡献,将乡村旅游获得的产业效益进行公平分配收益,保障了农户的收益权。

同时,要注意乡村旅游合作社中出现的一系列问题,防范化解可能出现的风险,建立高质量的乡村旅游合作社。第一,要深化利益联结机制。引导农户树立法律精神和契约精神,同时提升违约成本,从而进一步加强农户与集体的风险共担、利益共享。第二,要加强政府指导,党建引领。利用好党组织在基层的主导作用,加强领导班子建设,从而引领更多农户凝聚力量,投身到合作社中来。第三,要保障好农户的权益。积极动员农户参与到乡村旅游发展的建言献策中去,提升他们的主人翁意识,引导他们逐步深入参与到乡村旅游的运营中去,从而使更多的乡村旅游经营的核心骨干、高素质人才加入乡村,更好地激发乡村持续发展的内生动力。

6.6.1.2 "企业 + 合作社"

"企业 + 合作社"的形式是乡村旅游发展的另外一种利益联结机制,也是乡村旅游运营的新型主体形式之一。企业与合作社形成联营关系,其核心在于优势互补、共责共享,即合作社和企业达成利益合作关系,双方根据自身优势分工协作,从而共同推动乡村旅游产业发展,实现自身获益。这种"企业 + 合作社"的形式适用于村集体资金和技术较为缺乏的情况,尤其是对于初期发展乡村旅游的村集体来说,引入社会资本,与专业化的旅游公司合作是一种有效的市场化手段。

"企业 + 合作社"的利益联结关系主要有以下几种形式:租赁运营、联合运营、委托运营。租赁运营是指合作社代表村集体对原本分散经营的自然资源等进行统一流转、收储核算,以其为生态资产向旅游公司租赁外包。而旅游公司则运用自身的技术和经验优势对生态资产进行独立开发运营,根据租赁契约对合作社进行租赁费用支付,合作社则以这笔收入进行分红。联合运营就是企业和合作社的深度合作,联合进行运营,可以按照生产销售的上下游环节进行分工合作,也可以按照契约的职责权限进行合作,最后根据契约对旅游产业的收益进行分配。委托运营是合作社将流转的土地等生态资源进行折价入股，双方协商约定比例，但是合作社作为投资方不参与乡村旅游项目的开发和产业运营，企业负责乡村旅游的景区开发、景点建设、品牌打造和产品服务推广等工作，所需资金由企业负责，在特定的时间点由企业按照合同约定向合作社支付红利。

6.6.1.3 合作社自办企业

根据郑风田（2021）等的研究，合作社自办企业是以合作社为核心的纵向一体化产业组织模式，最初由准一体化产业组织模式"企业＋合作社＋农户"中处于相对弱势地位的合作社自发创造而成。这种产业组织模式创立的初衷是通过在合作社内部建立企业实体，以延长产业链和促进合作社发展壮大，由此实现纵向一体化发展。就目前的实践经验来说，国内关于乡村旅游的合作社自办企业的案例一般是合作社出资新设公司或者在公司内部进行持股。在合作社新设公司中，合作社拥有绝对的控制权，由合作社决定公司的生产经营管理以及投融资等各项决策，依托公司法人在市场化经营中的优势，乡村旅游的资源开发、项目运营、销售推广等完全按照企业运营方式运作，更加贴合未来市场发展的要求，从而也保证了合作社对于未来收益的享有权，进而保障了村集体和农户的个人利益。合作社自办企业没有外部资本的参与，非常需要有管理和经营经验的人参与到企业的组建和运营中，从而促使乡村旅游产业能走上高质量发展的道路，获得更大收益。

6.6.2 生态价值的边界、实现和评估

在生态产业化的过程中，生态资源将成为新型经济组织的资产，因此在发展乡村旅游的过程中，新型的经营主体必须明确生态价值的边界、实现和评估的问题。以多种形式的经营主体为借鉴，考虑到北京地区的实际，本书以乡村旅游股份制企业为例进行研究，生态资源通过股份制运营、交易形成的生态资本构成了乡村旅游股份制企业价值的一部分。在从生态资源到生态资产再到生态资本最后实现价值增值的过程中，乡村旅游股份制企业中的价值构成、生态价值边界，不仅是生态资源资本化演变的问题，而且是研究股份制企业价值构成、经营活动必不可少的部分。明确生态价值在企业价值中的边界、比重，不仅帮助乡村旅游股份制企业明确生态资本实现价值增值的经济效益和生态效益，而且有利于保护的国家利益和对土地、森林等具有承

包经营权的村民利益，以及第三方企业的投资利益等，为乡村生态旅游或生态产业化的持续发展奠定基础。

6.6.2.1 生态价值在企业价值中的边界

生态资源的核算是实现生态价值的逻辑起点，生态资源的核算基础和前提就是生态资源的所有权归属，产权明确的情况下才能对生态资源进行核算。同时，可以利用先进的数字技术核算生态资源的经济价值，实现货币度量。厘清生态价值，就要依据自然资源的产权制度进行所有权、归属权等的划分。国家根据生态资源的性质不同，划定了不同主体对自然资源的权利。以土地为例，坚持所有权归国家所有，可以在当地政府部门的参与下将经营权和承包权进行流转，相应权利归集体所有，由集体组织代表农民进行土地资源的入股，核算完毕之后，生态价值的产权、货币度量的价值问题得到解决。由此，生态价值在企业价值中的边界问题得以清晰，有效减少了利益相关者之间的矛盾问题。

6.6.2.2 生态价值在企业价值中的实现

（1）生态价值实现的渠道。分散化的自然资源经营权通过租赁、托管、股权合作、特许经营等形式流转至股份制运营机构，转换成集中连片、优质高效的资源资产包，发挥自然资产的规模效应，聚零为整、提质增效，解决了碎片化自然资源难聚合、优质化资产难提升的问题。通过政府搭建资源管理、整合、转换、提升平台，推动市场化和可持续运营。在股份制企业的运营和管理下，原始的生态资源转变为生态资本，通过市场交易的方式，转化为经济效益，实现经济意义上的增值。一方面，经济上的效益可以表现为会计意义上的净利润，净利润可以表现为企业的未分配利润和盈余公积，为股份制企业的投资活动提供前提，同时良好的盈利能力也为企业的筹资提供有利条件。另一方面，在股份制企业开发乡村旅游的过程中可以有效地实现自然资源的涵养和生态环境的保护，提升生态资产自身可提供的生态服务价值，进而提升生态资本在企业价值中的比重。

（2）生态价值实现的保障。党的十九届三中全会后，国家成立自然资源部，并向地方派驻自然资源督察机构，实现对自然资源管理和利用的全方位督察。地方政府要积极配合、协调自然资源督察机构的督察工作并出台一系列有关生态文明建设的政策法规，使整个产业化过程有法可依、有章可循。

健全督察巡视、审计体系,加强环境司法体制的建设,建立与之相配合的环境行政执法部门或队伍,确保生态监督、管控体系的权威性、高效性和统一性。全体经营者共同确定产业化效益的指标体系,涵盖环境保护、资源利用、人民生活、经济发展、产业升级以及文化风情等内容。建立人民群众广泛参与的基层生态环保监督体系。参与生态产业化的全体人员不仅是整个产业体系的经营群体,更是社会治理体系的参与者,要将中国特色的社会治理思想、理念融入基层监督体系中来,增强社会各界的生态和环保意识,调动普通群众的积极性和主动性,促使监督、审计机制民主化、大众化。整个运营主体内部也需要成立内部审计监测机构,同时,建立自然资源产权信息分享平台,使民众了解自然资源的相关政策文件、开发利用情况,发挥环境保护协会等民间组织的外部监察作用,建设生态文明全民参与机制。

6.6.2.3 生态价值在企业价值中的评估

生态价值在企业价值中实现,其所创造的生态红利不仅包含经济效益还包含生态效益。对于生态产业化实现主体的乡村旅游股份制企业,带动当地致富与生态环境的可持续发展都是其内在发展任务。

生态价值主要包括经济价值、文化价值、服务价值。而在旅游产业发展过程中,生态价值在企业价值中的评估主要以评估其经济价值为主。由于生态环境具有多样性,其经济价值的评估包含多种方法。根据目前我国乡村旅游的生态产业化实践情况,生态产品价值的实现在评估阶段主要采用市场价值法,通过专业化的第三方平台,根据不同类型的生态资源采用不同的评价指标,评估和量化生态资源的经济价值,为生态资源变为生态资产提供科学依据。

"绿水青山"就是"金山银山"的转化机制是践行"两山理论"的关键,生态资源的资本化及其价值实现保值增值是转化机制的内在逻辑。生态产业化为"绿水青山"向"金山银山"的转化提供了途径,在实现过程中,乡村生态旅游的发展在乡村催生了新的经济组织——含有农村集体成分的混合股份制公司。明确企业价值中生态价值的测算方式,厘清生态价值的内涵对乡村旅游股份制公司具有重要意义。生态资源的价值在股份制企业的实现需要以产权制度和理论为基础明确生态价值在企业价值中的边界,通过市场化运营实现生态资本创造新的经济价值,企业价值由此得以提升。厘清生态价值的思路将为生态产业化过程中其他股份制企业的长足发展提供借鉴。

6.7 聚焦游客基本需求，提升游客满意度

6.7.1 健康饮食

6.7.1.1 提供多元化的餐饮选择

第一，提供更多元化的菜单选择。景区可以与当地的餐饮企业合作，提供更多元化的菜品选择，包括当地的特色美食，满足不同游客的口味和需求。第二，推广当地文化和饮食。景区可以将当地的文化和饮食元素融入餐饮服务中，如提供当地特色菜、特色餐具等。这不仅可以增强游客的体验，同时也有助于推广当地的文化和饮食。第三，提供定制服务。景区提供定制化的服务，如特殊饮食需求、免费饮料等，并为游客提供优质的服务体验，从而提升游客的满意度。第四，加强餐饮服务的管理和培训。通过加强对餐饮服务人员的培训和管理，提升服务质量和效率，鼓励餐饮企业引进自动化设备，提高服务效率和准确性。

6.7.1.2 提高餐饮服务质量

第一，提高餐饮服务质量要加强对餐饮服务人员的培训和管理。通过加强对餐饮服务人员的培训和管理，引导服务人员增强工作的责任感和职业道德素养，提升服务质量和效率。此外，设置定期的专业培训课程，以提高服务人员的专业知识和技能。第二，餐饮服务质量的提高还需要引入新技术和新设备。通过引进自动化设备，如智能点餐机、自助式餐台等，提高服务效率和准确性，降低服务成本。第三，旅游景区内还应当建设更多的厨房和餐厅，增加就餐的容纳量，改善就餐环境。推广"互联网＋"餐饮服务模式，为游客提供更为方便快捷的点餐和支付服务。第四，切实关注和满足游客的个性化需求。可以从菜品、餐厅环境、服务流程等方面对餐饮服务进行个性化定制，特别是对于有食品过敏、饮食偏好等特殊需求的游客，更应当提供个性化服务。

6.7.1.3 提供便利的用餐环境

通过设计舒适的用餐环境吸引游客,包括餐厅的装饰和摆设,以及座位的布置和环境卫生,合理布置桌椅和一些私密的用餐区域,以减少游客之间的干扰。可以根据游客的需求和喜好,设计不同主题和风格的餐厅,以满足多样化的用餐需求,通过采用人性化的座位布局,为游客提供更加舒适、整洁的就餐环境。

6.7.1.4 建立食品安全监管体系

食品安全是人们关注的焦点之一,但食品安全监管体系建设是一个复杂的过程。建立一个有效的监管体系,需要从以下几个方面入手。第一,建立监测体系,确保食品生产地、流通环节以及销售场所的食品安全。监测体系主要包括食品安全监测机构建设、监测设备和仪器的装备、监测技术和方法的创新以及监测数据的标准化和信息化。第二,完善法律法规。完善食品安全法律法规,包括食品生产、流通和消费环节的法律规定。特别是对于违反食品安全规定的行为的处罚力度要加大,要让企业明白食品安全行为是受到严格监管的。第三,建立食品安全管理机构。食品安全管理机构负责制定食品安全政策、法律法规、监管标准和监督检查事项。同时,也可以负责食品安全危机的应对和处理。第四,建立行业规范。针对食品行业内的生产、流通和销售环节,建立行业规范,提高从业人员的专业素养和职业道德,加强食品安全责任意识。对于违反行业规范的企业,可以给予警告、罚款等处罚。第五,建立公众参与体系。公众是食品安全监管体系中的重要参与方,应该倡导公众关注食品安全,遇到问题及时投诉。建立公众食品安全知识教育机制、食品安全监督检查系统等,让公众可以及时掌握食品安全信息。

6.7.1.5 推广文明用餐

文明用餐涉及个人行为和社会环境等多个方面,需要从以下多个维度来加强宣传推广和实践引导。第一,提升食品安全意识。加强对食品安全知识的宣传教育,让民众了解食品安全的重要性和影响,树立对食品安全的正确认识,避免不良饮食习惯和行为。第二,宣传文明用餐文化。加强对文明用餐文化的宣传和推广,宣传文化和礼仪知识,推动民众在餐桌上文明合理用餐,让文明用餐成为一种美德、时尚和生活方式。第三,引导消费者自我约束。加强对消费者的自我约束教育和引导，提高消费者的自律和自我监督意识，鼓励消费者选择合理、健康、安全的餐食和饮品，遵守文明用餐规范。第四，加强行业标准和监管。加强餐饮等相关行业文明用餐行为的标准化管理和监管，提高行业从业人员的素质和职业道德，保障民众用餐的安全和卫生。第五，倡导绿色环保，推动绿色餐饮。强化环保意识，积极倡导低碳环保、减少浪费的理念，推动餐饮行业绿色发展，鼓励民众选择环保餐饮产品。

6.7.2　宜居民宿

第一，民宿发展要注重追求餐饮的绿色化。民宿应该发展有机绿色餐饮，尤其是对于乡村旅游全局来说，可以将本地种植的蔬菜与生态农业相结合，让游客可以自己采摘，这样游客不仅能品尝到健康有机的食品，还能收获良好的农事体验。第二，民宿发展要注重垃圾分类。民宿要在日常的经营活动中贯彻环保和节约资源的理念，贯彻落实垃圾分类工作，同时引导游客在景区和民宿中做好垃圾分类，提升游客的环保意识，形成良性互动。除了民宿自身努力之外，政府也要做好引导和协调工作，比如向民宿业主、游客发放垃圾分类宣传单，讲解生活垃圾的分类类别、投放方式以及有害垃圾的处理方法等垃圾分类知识，引导他们从环境卫生、文明生活的角度做好垃圾分类，让垃圾分类在乡村旅游的大环境中成为潮流。第三，要注重保护生物多样性，打造人与自然和谐共生的宜居环境。要充分认识生物多样性是旅游业的重要吸引力，政府要出台相应的政策，保护生物多样性，在生活中引导乡村旅游的多方主体，通过激励机制推动乡村生物多样性的保护。第四，要发展体验类的旅游项目，实现农事体验与乡村民宿的有效衔接。乡村民宿的吃住可与农事体验园的"农活儿"相结合，实现完整、全面的农业生活体验，更好地帮助游客亲近自然，达到绿色有机旅游的目的。第五，要开发原汁原味的绿色生态产品。就地取材，本着环保节约的原则，利用农业废弃物等天然原材料，将本地特色民俗文化与生态产品相结合，打造独特的绿色产品，实现乡村旅游消费的高质量供给。

此外，政府也要助力乡村民宿的高质量发展。第一，要鼓励乡村旅游的经营管理者发展绿色旅游产业，打造乡村旅游的绿色产业体系，为乡村民宿的绿色发展提供动力。通过政策优惠、财政支持、奖励等方式，扶持绿色经营活动，牵头开展招商引资，做好宣传推广，搭建投资平台，为乡村旅游的绿色发展提供融资渠道。第二，加强两个方向的宣传推广，一方面对本地的乡村旅游经营者进行绿色发展理念的普及与宣传，同时，对破坏环保、浪费资源的行为进行监督查处，引导乡村旅游的全体从业者走绿色发展道路；另一方面要对外地游客进行宣传，着重推广本地绿色旅游、乡村民宿品牌，打造绿色化品牌优势，保持当地乡村旅游的竞争优势。

6.7.3 舒适景区

6.7.3.1 加强景区服务质量

第一，提升景区环境质量。每天定期清理景区内的垃圾和污水，确保景区整洁有序。定期维护绿化，对景区内的草坪、花坛、树木等进行养护和修整，让游客看到自然美景。提高空气质量，加强对空气污染的治理，不断提高空气的清新度，降低噪音，提高游客的舒适度。第二，提高服务质量。加强导游服务，提供专业的导游服务，让游客在景区内能够更好地了解景点的历史、文化和人文价值。完善餐饮服务，为游客提供多样化的食品，同时保证食品的质量和卫生安全。增加休息区，为游客提供充足的休息区域，增加凉亭、椅子等，让游客能够有充分的休息空间。加强投诉处理，建立专业的投诉处理机制，如在景区内设立投诉箱，对游客的投诉及时解决。第三，增强服务体验。加强互动性，提供一些具有互动性、体验性的活动场所，如博物馆、创意工坊等，为游客提供更丰富的体验。优化景区交通，合理规划景区内的交通路线，为游客提供便捷且安全的游览工具。关注隐私，以游客为中心，关注游客的隐私权，保护游客的个人信息和安全。

6.7.3.2 丰富景区旅游产品

丰富旅游产品是提高景区吸引力和附加值的重要手段，可以从以下几个方面入手。第一，创造多元化景区体验。经典文化体验方面，推出经典文化展览和表演，让游客深入了解当地文化，如中国传统文化展览、地方戏曲表演等。打造视觉盛宴，发挥景区自身的独特美景和资源优势，打造多元化的视觉体验，如夜景灯光秀、霓虹水舞、烟花表演等。体验式游览方面，开发多种不同主题的游览方式，让游客感受到不同的乐趣，如游船观光、自行车游览、徒步探险等。定制化服务方面，提供个性化贴心服务，让游客体验到更好的旅行感受，如私人导游、专享包房、定制美食等。第二，增强互动性和参与感。增加互动体验，提供参与性高、互动性强的娱乐项目，让游客亲身感受景区之美，如创意工坊、游戏闯关等。推出富有趣味性的文化活动，让游客参与其中，如趣味文化竞赛等。增加互动展览，通过技术，让游客沉浸在更加真实的体验中，提升游客的参与度和体验乐趣。通过加强景区旅游产品的开发和创新，提供多样化、个性化的旅游体验，满足游客多元化的需求，提高游客满意度。

6.7.3.3　强化景区安全保障

游客安全对于景区的长足发展具有重要意义，景区一旦出现安全问题或由此引发舆情，很容易造成景区口碑"坍塌"。针对景区安全保障问题，景区管理者需要采取一系列措施来加强安全管理，为景区建设、游客人身安全提供坚实保障。第一，要增强景区工作人员的安全意识，压实责任，提升景区商户和工作人员预防和化解风险的能力，提高工作人员的应急处置能力。第二，要建设相关的安全标识与安全防护设施，如安全护栏、警示标识等。第三，要增强游客的安全意识。要通过微信公众号、微博、旅游手册等方式对游客进行安全教育，尤其是针对景区本身定制安全旅游的相关提醒，进而提升景区的服务质量和服务水平，树立好景区形象。

6.7.3.4　推广文明旅游

第一，推广文明旅游公益活动。通过开展文明旅游公益活动，引导游客树立文明观念，将文明旅游理念推广到社会各个方面。活动可以包括旅游宣传、文化演出、旅游摄影比赛等形式，为游客提供文明、和谐、健康的旅游环境。第二，加强旅游管理。旅游管理部门要加强对旅游市场的规范，配合执法部门加强旅游市场监管，规范旅游市场的经营活动。同时，旅游管理部门也要加强对景区的管理和维护，及时解决游客反映的问题，确保景区的优良形象得到维护。第三，加强游客引导。推广文明旅游公益活动，加强人员培训，引导游客自觉遵守旅游承诺，积极宣传文明旅游理念，防止不文明旅游行为的发生。在景区内加强文明旅游宣传，明确文明旅游的标准和要求，使游客能够自觉地遵守规定。

6.7.4　优质购物

购物是旅游活动中非常重要的一个环节，能够丰富游客的旅游体验，让游客在旅游中感受到更多的乐趣。购物不仅是旅游消费的一部分，也是旅游体验的重要组成部分。

6.7.4.1 提供优质的商品和服务

游客在购物时最关心的是商品和服务的质量。因此，在购物区域内需要提供优质的商品和服务。第一，选择优质供应商。商家应该选择有可信度、有声誉的优质供应商，保证所采购的货物有一定的质量保证，商家还可以通过货物抽样检验来确保货品质量符合标准。第二，提供完善的售后服务。商家应该在销售之后，及时为顾客提供售后服务，解决客户对产品存在问题的投诉和各类需求。商家还可以通过问卷调查等方式，了解顾客的反馈信息，通过针对性地改进产品和服务，提升顾客体验。第三，配备专业的售前咨询和售后服务人员。商家应该配备专业、热情、有耐心的售前咨询和售后服务人员，满足顾客的各项需求。商家还可以为员工提供相关的培训和提升机会，提高员工的专业水平和服务态度。第四，定期维护和保养店面设施。商家应该定期维护和保养店面设施，提供舒适、优雅、清洁和卫生的购物环境。商家还可以通过装饰店面，创造出愉快、舒适的购物环境，增强顾客的购物体验。第五，监督和管理员工行为。商家可以通过工作纪律、员工培训、考评制度等，监督和管理员工。商家还可以给优秀员工提供奖励，提高员工的积极性和创新性。

6.7.4.2 提供多样化的商品选择

第一，增加货源渠道。商家可以通过拓展供货商的渠道，从更多的地区采购商品，增加选项的多样性。例如，商家可以考虑和国外的供货商合作，引进海外商品，或者和其他行业的经营者合作，引进相关的产品。第二，根据顾客需求选择货品。商家可以通过问卷调查等方式，了解顾客的需求和喜好，并根据这些信息来选择货品。商家还可以根据不同季节、不同地区、不同人群的需求特点来选择商品，扩大商品线。第三，加入多种品牌。商家可以选择不同品牌的货品，提供更多的选择。例如，一家服装店可以同时销售超过十种不同的品牌，以满足不同人群的需求。第四，提供定制化服务。根据不同的顾客需求，提供定制化的商品。例如，一家家居店可以根据顾客提供的房屋平面图和期待的装修风格，为其提供量身定制的家具。第五，不断更新货源。不断寻找新的产品，保持选择的多样性。还可以利用网络渠道，定期更新商品信息，吸引更多的顾客。

6.7.4.3　营造舒适的购物环境

游客在购物时不仅关心商品和服务质量，也非常在意购物环境。因此，在购物区域内需要营造舒适和温馨的购物环境，让游客感到愉悦和放松。营造舒适的购物环境是商家提升顾客体验和增加销售额的重要手段之一。第一，优化空间布局。应该尽量缩小店面的空间感，同时将商品进行细化分类，做好指示标志，引导顾客消费。第二，完善店铺装修。商家应该确定一套基本的店面装修风格，让顾客在到达商铺后，能够很快找到店内的风格特点。商铺有了明确的风格特点后，就更能够唤起顾客对该风格商品的购买欲望。商家还可以在店内增加一些装饰品、绿色植物等，给顾客带来好的视觉体验。第三，强化接待服务。良好的服务是吸引顾客二次消费的重要因素，因此，要对销售人员进行培训，增强服务方面的考核与奖励，打造完善的服务体系，切实做到"宾至如归"。

6.7.5　创意娱乐

在娱乐方面提升游客满意度需要商家根据游客的需求和喜好进行量身定制，并在服务上下功夫。下文将从活动策划、创意体验两个方面探讨如何提升游客满意度。

6.7.5.1　活动策划

第一，确定目标受众。商家需要根据本地区游客的特点结合本地区的产业特色来开展经营活动。第二，制定具体方案。把"两山理论"在本地区的实践与游客的消费模式相结合，突出活动的生态性、原真性，让游客在活动参与中获得良好体验。第三，提供差异化服务。商家需要在活动方案中加入差异化服务，例如提供特别的食品饮料、游戏设施、音乐表演等，让游客有更多的选择和个性化的体验。第四，加大宣传力度。通过强化线上和线下宣传，打造直播、线上体验等活动，增强自身的品牌热度。第五，关注反馈意见。在游客消费后，积极关注游客在美团、大众点评、同程旅行等网络平台上的评价，及时根据游客的反馈进行优化。

6.7.5.2 创意体验

第一,设计特色活动。商家可以设计一些特色活动,例如沉浸式体验、即兴表演、主题派对等,为游客提供独特的体验,增加记忆点,留下深刻印象。第二,提供个性化服务。商家可以按照游客的需求和喜好,提供个性化服务,例如定制游戏道具、个性化主题包装、定制化餐饮等,让游客感受到尊重和关爱,提升满意度。第三,引入科技元素。现如今,科技的快速发展已经改变了娱乐产业的形态,商家可以引入 VR、AR、智能互动等科技元素,增强游客的体验感,并且能更好地展示场馆和产品的特色,吸引更多的游客。第四,重视细节体验。在活动的各个环节中,商家需要重视游客的细节体验,让游客体验到贴心、细致的服务,提高游客满意度。第五,提供互动性游戏。商家可以提供有趣的互动性游戏,例如互动表演、角色扮演等,让游客参与其中,从而更好地融入活动氛围,提高满意度。

6.8 "以绿为底,以红带绿"发展乡村红色旅游

借助新发展理念,从创新、协调、绿色、开放、共享的角度出发,以绿色、科技、教育、文化创意为落脚点,为实现红色旅游产业融合提供思路,为北京乡村旅游高质量发展提供新补充。

6.8.1 红色旅游与绿色产业相融合

绿色产业和红色旅游的产业融合,是红色旅游"以红带绿"发展思路的具体体现,能够促进产业结构优化,发展复合型旅游综合体。

完善红色旅游在基础设施建设中存在的不足。红色旅游资源大多位置偏僻,基础设施建设存在较大的问题,影响游客出游意愿。发展红色旅游,必须完善基础设施建设,保障游客体验。针对乡村旅游发展的约束问题,需要完善乡村用地政策,保障乡村产业发展,加强宅基地管理,探索宅基地使用新形式,推动乡村资源规划,发展民宿。加大对地区红色旅游发展和管理的投入,提高资源利用率,从硬件设施到景区管理,为游客提供完善的服务。

保护生态环境,发展绿色经济,形成"以红带绿"的产业格局。绿水青

山就是金山银山，发展绿色经济，保护生态环境，红色旅游建设与绿色旅游资源相融合，以红色底蕴为基础，加强生态旅游建设，充分开发当地自然生态资源、红色资源，以红色品牌带动绿色旅游，以绿色旅游丰富红色资源，促进两者融合发展，形成良性循环。红色旅游产业融合思路如图 6-1 所示。

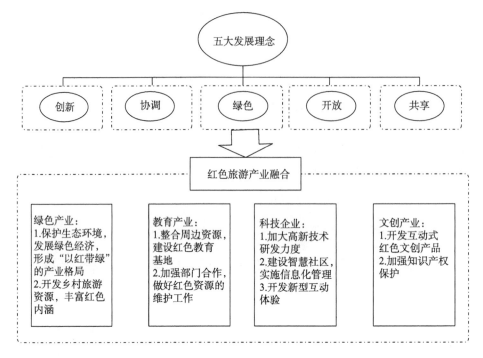

图 6-1　红色旅游产业融合思路

开发乡村旅游资源，丰富红色旅游内涵。利用乡村产业优势、环境优势，开发红色旅游互动新形势，建设智慧化农场、采摘园，在发展红色旅游的同时加大对乡村资源的利用，在丰富红色旅游内涵的同时帮助巩固脱贫攻坚成果，实现乡村振兴。

6.8.2　发展乡村红色旅游研学

思想政治教育是红色旅游发展的核心，在红色旅游产业融合发展中，形成以红色教育为重点的旅游研学模式非常重要。打造红色旅游研学中心，完善配套设施，开发新型教育模式，把红色旅游与研学教育完美融合，力争将红色旅游打造成为休闲观光与自觉学习的融合体。

整合周边资源，建设红色教育基地。红色旅游教育基地的建设在加强自身资源整合的同时，打破行业限制、区域限制，加强合作，拓宽文化旅游市场产业链。推进社区参与，提高当地居民对红色文化的认同感，鼓励当地居民成为本地红色文化景区的建设者和参与者。既能起到红色旅游的教育目的，也能推进当地红色景区发展。充分利用资源优势，加强与高等院校合作，引进人才，输出人才，建设互动形式多样的红色旅游教育基地，遵循国家爱国主义教育基地建设的要求和考核指标，建设爱国主义教育基地，以当地资源为教育素材，现场教学，体验式学习，提高当地红色资源的利用效率。

有关部门要加大合作力度，齐心协力搞好重要革命遗址的修复利用和深入挖掘。采取各种方式加大对国家带领人民建立的丰功伟绩的历史资料的征集力度，整理重大历史事件、重要会议、重要人物等红色素材相关资料。根据已有资源，生动客观地做好开发工作，通过各种形式对红色精神进行阐释，增强红色素材的吸引力。注重人才在红色景区发展中的作用，邀请学者以当地红色文化为研究对象，发掘当地红色资源，讲好当地红色故事，提升社会影响力。

6.8.3 新技术助力红色旅游

红色旅游的发展应该主动拥抱新技术，这样既能提高服务质量，提高资源利用率，又能加强红色旅游与新时代的结合力度，完善红色旅游景区建设，提高景区变现能力和景区知名度，提升游客满意度。

建设智慧景区，采用信息化管理。通过采用先进技术推动红色旅游与科技产业融合，建设智慧景区，改善游客体验的同时方便景区管理者更加准确地把握景区动态，方便对红色景区进行管理。增强景区满足游客个性化需求的能力，更高效地将景区红色资源与游客需求进行匹配，运用先进技术，突破以往简单互动方式的局限，催生红色产业链，更有效地助推相关产业融合发展，协调景区资源，使游客体验进一步改善。

加强与电商合作可以提高红色旅游景区变现能力，促进产业融合可持续发展。利用景区知名度带动相关产业树立品牌，相关产业发展实现的经济效益进一步反哺红色旅游景区建设。红色旅游景区管理人员应该培养新媒体思维，加强景区在新媒体上的曝光度，提高知名度。在此基础上，利用产业融合成果，大力扶持实体经济发展，既能提高社会知名度，又能带动景区经济利益的实现；通过直播平台进行市场营销，在扩大受众群体的同时，树立品牌，销售产品。

利用新技术，增强景区吸引力，开拓新型互动方式。传统的红色旅游景区以游客参观为主，这种方式的弊端是景区吸引力弱，维护成本高，可持续发展能力不强。开发基于 VR 技术的红色小游戏或基于 AR 技术的红色影视作品，可以更加立体地展示景区的红色故事，提高景区吸引力和游客的满意度，打破以往以展览和参观为主的旅游模式，打造实景演出，借助新兴科技，重现革命战争场景；建设红色生活体验区，整合当地资源，打造室内外科普展教场所，将旅游体验和宣讲课程结合起来。在教育方式上，适应游客需求，逐步由观光型向"观光 + 体验型"转变，深挖红色内涵，整合景区资源，打造实用性、操作性强的体验课程，积极探索爱国主义教育新模式。

6.8.4 做大文创产业

文创产品拥有高附加值的特点，可以满足游客需要，激发潜在游客的出游意愿，带给当地居民文化认同感，提高社会知名度，便于塑造良好的景区形象。

打造红色文创产品，增加社会知名度。有特色的红色文创产品本就是一张优秀的名片，红色旅游景区要以红色文化为核心，结合其他特色资源，聘请优秀设计人才，设计形象可爱、辨识度高的文创形象。在此基础上，通过互联网大数据对游客画像进行分析，加强与游客互动，丰富产品形式，与其他产品合作，推出联名款，借助其他品牌优势，提高当地红色文创产品知名度；可以开发文创产品短视频，充分利用现代媒体资源营销造势。

开发新型文创产品。借鉴国内外的先进经验，将红色旅游资源和文创产品相融合，提高红色旅游资源的开发程度，形成有特色的红色旅游形式。比如拍摄红色影视作品，以《潜伏》《小兵张嘎》为代表的红色影视作品大幅提升了天津、保定的红色旅游的影响力。编排红色实景演出，安徽六万情峡景区的《大别山传奇》实景演出，突破舞台限制，现场特效使观众仿佛置身于历史战场，直观感受革命先辈的大无畏精神；开发互动式红色文创产品，泥塑制作可以更加真切地使游客接触到革命时期的红军生活，互动式体验可以吸引游客注意力，引导游客亲身参与红色文创产品的创作，可以拉近游客与红色旅游的距离；整理当地红色文化资源，挖掘红色旅游目的地的民俗民歌、红色文学等，扩大历史文化外延，为红色旅游注入新的血液，使当地红色旅游资源增值。此外，政府部门应该加大对知识产权的保护，出台相关的法律法规，维护创新型人才的权益，制定优惠政策，加大对创新的政策支持，营造创新氛围，鼓励创新。

参考文献

[1] ALLENBY B. Industrial ecology gets down to earth [J]. IEEE circuits and devices maga-
zine, 1994 (1): 24 – 28.

[2] ANAND M H, SACHIN K P, DINESH K, et al. Ecological engineering, industrial ecology
and eco – industrial networking aspects of ship recycling sector in India [J]. APCBEE Proce-
dia, 2014 (10): 159 – 163.

[3] ANSELIN L. Local Indicators of Spatial Association—LISA [J]. Geographical analysis,
2010 (27): 93 – 115.

[4] AUDEN S. Applying the principles of industrial ecology to the guest – service sector [J].
Journal of industrial ecology, 2003, 7 (1): 127 – 138.

[5] BALDASSARRE B, SCHEPERS M, BOCKEN N, et al. Industrial symbiosis: towards a
design process for eco – industrial clusters by integrating circular economy and industrial ecol-
ogy perspectives [J]. Journal of cleaner production, 2019, 216: 446 – 460.

[6] COLTON B, ASTRID L. Designing eco – industrial parks in a nested structure to mimic mu-
tualistic ecological networks [J]. Procedia CIRP, 2019, 80: 590 – 595.

[7] AURELIEN B, JAKUB K, NADEGE T, et al. Linking industrial ecology and ecological
economics: a theoretical and empirical foundation for the circular economy [J]. Journal of
industrial ecology, 2019 (23): 12 – 21.

[8] MAGNUSSON T, ANDERSSON H, OTTOSSON M. Industrial ecology and the boundaries of
the manufacturing firm [J]. Journal of industrial ecology, 2019, 23 (5): 1211 – 1225.

[9] SINGH A, BASAK P. Economic and environmental evaluation of municipal solid waste man-
agement system using industrial ecology approach: evidence from India [J]. Journal of
cleaner production, 2018, 195 (10): 10 – 20.

[10] TONY M A. An industrial ecology approach: green cellulose – based bio – adsorbent from
sugar industry residue for treating textile industry wastewater effluent [J]. International jour-
nal of environmental analytical chemistry, 2019, 101 (2): 167 – 183.

[11] VICTORIA A, BAKHTINA. Innovation and its potential in the context of the ecological
component of sustainable development [J]. Sustainability accounting, management and pol-

icy journal, 2011, 2 (2): 248 – 262.

[12] XINTONG L. Integrated development scheme of ecological civilization construction and rural B&B (bed and breakfast) tourism [J]. Academic journal of humanities & social sciences, 2021, 4 (11): 33 – 37.

[13] YANQIN L, CHEN C. Change the Status Quo of ecological civilization education in colleges and universities and improve the quality and effectiveness of ecological civilization education [J]. Frontiers in educational research, 2021, 4 (4): 21 – 24.

[14] 安淑新. 促进经济高质量发展的路径研究: 一个文献综述 [J]. 当代经济管理, 2018, 40 (09): 11 – 17.

[15] 蔡国英, 赵继荣. 新发展理念视野下甘肃省文旅融合高质量发展评价 [J]. 甘肃高师学报, 2023, 28 (02): 120 – 125.

[16] 曾飞凡. 共同富裕理论的历史脉络梳理与解读 [J]. 发展研究, 2021, 38 (S1): 1 – 7.

[17] 查英华. 基于核心能力的高职软件技术专业课程体系构建 [J]. 微型电脑应用, 2021, 37 (04): 70 – 72, 87.

[18] 陈闽贤, 闫述乾. 甘肃省乡村"三生"功能耦合协调时空演变分析 [J]. 国土与自然资源研究, 2024, (05): 40 – 46.

[19] 陈冲, 张瑞瑾. 数字经济赋能乡村振兴: 理论机理和实证检验 [J]. 河北农业大学学报 (社会科学版), 2023, 25 (02): 14 – 26.

[20] 陈洪波. "产业生态化和生态产业化"的逻辑内涵与实现途径 [J]. 生态经济, 2018, 34 (10): 209 – 213, 220.

[21] 陈洪波. 构建生态经济体系的理论认知与实践路径 [J]. 中国特色社会主义研究, 2019 (4): 55 – 62.

[22] 陈健平. 社区营造视角下乡村旅游高质量发展路径研究——以福建平潭北港村为例 [J]. 安徽农业大学学报 (社会科学版), 2019, 28 (03): 1 – 8.

[23] 陈丽君, 郁建兴, 徐铱娜. 共同富裕指数模型的构建 [J]. 治理研究, 2021, 37 (04): 2, 5 – 16.

[24] 陈平, 陈菲. 校企合作构建实践教学质量保障体系的探索 [J]. 职业技术教育, 2010, 31 (08): 71 – 74.

[25] 陈诗一, 陈登科. 雾霾污染、政府治理与经济高质量发展 [J]. 经济研究, 2018, 53 (02): 20 – 34.

[26] 陈正伟, 张南林. 基于购买力平价下共同富裕测算模型及实证分析 [J]. 重庆工商大学学报 (自然科学版), 2013, 30 (06): 1 – 5.

[27] 程士国, 普友少, 朱冬青. 农业高质量发展内生动力研究——基于技术进步、制度变迁与经济绩效互动关系视角 [J]. 软科学, 2020, 34 (01): 19 – 24.

［28］迟福林. 以高质量发展为核心目标建设现代化经济体系［J］. 行政管理改革, 2017, 100（12）：4-13.

［29］崔凤军, 徐鹏, 陈旭峰. 文旅融合高质量发展研究——基于机构改革视角的分析［J］. 治理研究, 2020, 36（06）：98-104.

［30］崔健, 王丹. 乡村旅游高质量发展的"三重论域"透视［J］. 农业经济, 2021（05）：46-47.

［31］崔莉, 厉新建, 程哲. 自然资源资本化实现机制研究——以南平市"生态银行"为例［J］. 管理世界, 2019, 35（9）：95-100.

［32］丁燃. "两山"理论蕴含的马克思政治经济学意蕴［J］. 山西大同大学学报（社会科学版）, 2023, 37（02）：131-135.

［33］杜岩, 李世泰, 杨洋. 山东省乡村旅游高质量发展与乡村振兴耦合协调发展研究［J］. 湖南师范大学自然科学学报, 2022, 45（03）：22-32.

［34］段斌. 云南数字旅游创新发展研究［D］. 云南：云南师范大学, 2021.

［35］付洪良, 周建华. 乡村振兴战略下乡村生态产业化发展特征与形成机制研究——以浙江湖州为例［J］. 生态经济, 2020, 36（03）：118-123.

［36］高大帅, 明庆忠, 李庆雷. 旅游产业生态化研究［J］. 资源开发与市场, 2009, 25（09）：848-850.

［37］高雪, 尹朝静. 新发展理念下的中国农业高质量发展水平测度与评价研究［J］. 中国农业资源与区划, 2023, 44（01）：75-83.

［38］耿松涛, 张伸阳. 乡村振兴视域下乡村旅游高质量发展的理论逻辑与实践路径［J］. 南京农业大学学报（社会科学版）, 2023, 23（01）：61-69.

［39］谷树忠. 产业生态化和生态产业化的理论思考［J］. 中国农业资源与区划, 2020, 41（10）：8-14.

［40］郭焕成, 韩非. 中国乡村旅游发展综述［J］. 地理科学进展, 2010, 29（12）：1597-1605.

［41］海敬. 甘肃红色旅游产业融合发展研究［J］. 社科纵横, 2020, 35（08）：123-128.

［42］韩成英. 乡村人才振兴助推乡村旅游高质量发展：现状、困境与路径［J］. 科技创业月刊, 2023, 36（05）：64-68.

［43］洪银兴, 刘伟, 高培勇, 等. "习近平新时代中国特色社会主义经济思想"笔谈［J］. 中国社会科学, 2018（09）：4-73, 204-205.

［44］呼和涛力, 袁浩然, 赵黛青, 等. 生态文明建设与能源、经济、环境和生态协调发展研究［J］. 中国工程科学, 2015, 17（08）：54-61.

［45］胡鞍钢, 周绍杰. 2035 中国：迈向共同富裕［J］. 北京工业大学学报（社会科学版）, 2021（12）1-22.

［46］胡鞍钢. 中国"共同富裕"未来景象［J］. 人民论坛, 2011（S2）52-53.

[47] 胡果. "景村融合"视角下山西乡村旅游高质量发展研究 [J]. 经济师, 2023, (06)：136 – 138.

[48] 胡咏君, 吴剑, 胡瑞山. 生态文明建设"两山"理论的内在逻辑与发展路径 [J]. 中国工程科学, 2019, 21 (05)：151 – 158.

[49] 黄胜, 黄育云, 惠圣. 西南民族地区职业教育改革与发展的思路 [J]. 职业技术教育, 2010, 31 (10)：27 – 31.

[50] 黄中显, 吕芝慧. 乡村振兴背景下民族地区生态产业化法治路径选择——以广西自治县域为例 [J]. 广西民族大学学报 (哲学社会科学版), 2021, 43 (06)：127 – 134.

[51] 吉达, 张波, 肖庆洲. 蚕桑历史文化嵌入与晋城文旅一体化发展 [J]. 山西高等学校社会科学学报, 2022, 34 (07)：53 – 58.

[52] 江永红. 从"先富"到"共富"的实现机制 [N]. 光明日报, 2004 – 11 – 02 (B2).

[53] 姜君丽, 杨文仙. 金融服务乡村振兴战略的路径研究 [J]. 山东工商学院学报, 2023, 37 (02)：28 – 34.

[54] 姜磊, 柏玲, 吴玉鸣. 中国省域经济、资源与环境协调分析——兼论三系统耦合公式及其扩展形式 [J]. 自然资源学报, 2017, 32 (05)：788 – 799.

[55] 金碚. 关于"高质量发展"的经济学研究 [J]. 中国工业经济, 2018 (04)：5 – 18.

[56] 黎元生. 生态产业化经营与生态产品价值实现 [J]. 中国特色社会主义研究, 2018, (04)：84 – 90.

[57] 李江敏, 魏雨楠, 郝婧男, 等. 湖北省乡村旅游高质量发展的时空差异及演化特征研究 [J]. 华中师范大学学报 (自然科学版), 2023, 57 (06)：890 – 900.

[58] 李金昌, 史龙梅, 徐蔼婷. 高质量发展评价指标体系探讨 [J]. 统计研究, 2019, 36 (01)：4 – 14.

[59] 李静怡, 王艳慧. 吕梁地区生态环境质量与经济贫困的空间耦合特征 [J]. 应用生态学报, 2014, 25 (06)：1715 – 1724.

[60] 李敏瑞, 张昊冉. 持续推进基于生态产业化与产业生态化理念的乡村振兴 [J]. 中国农业资源与区划, 2022, 43 (04)：31 – 37.

[61] 李书昊, 魏敏. 中国旅游业高质量发展：核心要求、实现路径与保障机制 [J]. 云南民族大学学报 (哲学社会科学版), 2023, 40 (01)：152 – 160.

[62] 李星林, 罗胤晨, 文传浩. 产业生态化和生态产业化发展：推进理路及实现路径 [J]. 改革与战略, 2020, 36 (02)：95 – 104.

[63] 李扬杰, 罗胤晨, 文传浩. 现代生态产业体系的业态划分及空间布局初探——以重庆市为例 [J]. 重庆三峡学院学报, 2020, 36 (04)：26 – 32.

[64] 李永庆. 中国新型城镇化必须提升人的城镇能力 [J]. 改革与战略, 2014 (03)：83 – 87.

[65] 李志萌, 左腾达. 中国共产党增进生态环境民生福祉的实践逻辑与启示 [J]. 江西

社会科学, 2021, 41 (09): 211 – 220 + 256.

[66] 林伟宏. 井冈山红色旅游消费者行为研究 [D]. 福建: 福建师范大学, 2013.

[67] 刘国武, 李君华, 汤长安. 数字经济、服务业效率提升与中国经济高质量发展 [J]. 南方经济, 2023 (01) 80 – 98.

[68] 刘红霞. 绿色建筑理念下的民宿设计 [J]. 建筑结构, 2020, 50 (23): 165 – 166.

[69] 刘建平, 邹艳. 韶山红色旅游景区的观光农业开发 [J]. 湖南城市学院学报, 2010, 31 (04): 77 – 81.

[70] 刘江宜, 任文珍, 张洁, 等. 基于陆海统筹的海岛生态资产价值评估研究——以广西涠洲岛为例 [J]. 生态经济, 2021, 37 (06): 32 – 37, 43.

[71] 刘立红, 刘增安, 张素娟. 职业教育服务乡村旅游人才培养存在的问题与策略 [J]. 教育与职业, 2021 (23): 70 – 74.

[72] 刘美华, 黄波. 论 "两山" 理论指导下的浙江生态经济模式 [J]. 山西广播电视大学学报, 2022, 27 (02): 84 – 88.

[73] 刘培林, 钱滔, 黄先海, 等. 共同富裕的内涵、实现路径与测度方法 [J]. 管理世界, 2021, 37 (08): 117 – 129.

[74] 刘小芳, 张向前. 基于儒家文化视角的中国旅游业高质量发展研究 [J]. 商业经济, 2023, 561 (05): 54 – 56, 78.

[75] 刘小双, 罗胤晨, 文传浩. 生态产业化理论意蕴及发展模式研究综述 [J]. 经济论坛, 2020, 596 (03): 28 – 34.

[76] 刘新平, 孟梅. 新疆农业生态经济协调发展耦合关系分析 [J]. 新疆农业科学, 2010, 47 (05): 1002 – 1008.

[77] 刘学兵. 阳城蚕茧享誉全球 [J]. 农产品市场, 2022 (03): 20 – 23.

[78] 刘耀彬, 李仁东, 宋学锋. 中国城市化与生态环境耦合度分析 [J]. 自然资源学报, 2005 (01): 105 – 112.

[79] 刘英基, 邹秉坤, 韩元军, 等. 数字经济赋能文旅融合高质量发展——机理、渠道与经验证据 [J]. 旅游学刊, 2023, 38 (05): 28 – 41.

[80] 刘友金, 周健. "换道超车": 新时代经济高质量发展路径创新 [J]. 湖南科技大学学报 (社会科学版), 2018, 21 (01): 49 – 57.

[81] 卢宁. 从 "两山理论" 到绿色发展: 马克思主义生产力理论的创新成果 [J]. 浙江社会科学, 2016, (01): 22 – 24.

[82] 鲁芬, 娄思元, 明庆忠, 等. 旅游产业生态化的内涵分析及其概念模型 [J]. 旅游研究, 2017, 9 (05): 22 – 30.

[83] 陆根尧, 盛龙, 唐辰华. 中国产业生态化水平的静态与动态分析——基于省际数据的实证研究 [J]. 中国工业经济, 2012 (03): 147 – 159.

[84] 陆岷峰. 数字科技赋能实体经济高质量发展: 融合优势、运行机理与实践路径 [J].

新疆师范大学学报（哲学社会科学版），2023，44（01）：136－144.

［85］陆佩华. 城市发展水平与生态环境质量耦合协调度研究——以南通市为例［J］. 资源开发与市场，2015，31（05）：563－566.

［86］陆平. "双碳"目标驱动下赤峰市乡村文化旅游业高质量发展路径与对策研究［J］. 赤峰学院学报（自然科学版），2023，39（04）：6－10.

［87］罗明新. 以农业生态经济体系建设推动乡村振兴［N］. 中国旅游报，2018－08－07（003）.

［88］罗能生，李佳佳，罗富政. 城镇化与生态环境耦合关系研究——以长株潭城市群为例［J］. 湖湘论坛，2014，27（01）：47－52.

［89］罗盛锋，孟淑云，黄燕玲. 民族地区生态系统与旅游、乡村社会发展系统的时空耦合研究［J］. 生态经济，2021，37（12）：135－144.

［90］罗文斌，谢海丽，唐叶枝. 基于农民参与视角的乡村旅游高质量发展路径分析［J］. 农业展望，2020，16（12）：85－88，93.

［91］罗颖. 乡村振兴战略背景下乡村康养旅游高质量发展路径［J］. 鄂州大学学报，2023，30（03）：47－49.

［92］吕俊华. 促进中国经济发展方式转变的对策［J］. 郑州航空工业管理学院学报，2011，29（03）：33－36.

［93］马晓妍，何仁伟，洪军. 生态产品价值实现路径探析——基于马克思主义价值论的新时代拓展［J］. 学习与实践，2020（03）：28－35.

［94］马晓妍，洪军. 全民所有自然资源资产的价值核算问题［J］. 中国土地，2019（12）：31－34.

［95］聂苗苗. "两山理论"引领乡村生态振兴研究［D］. 重庆：四川外国语大学，2022.

［96］牛强强，张小真. 双碳背景下能源绿色转型的政策研究——以山西省为例［J］. 山西化工，2023，43（07）：240－243.

［97］潘兴侠，何宜庆. 鄱阳湖地区生态、经济与金融耦合协调发展评价［J］. 科技管理研究，2014，34（09）：227－230.

［98］庞闻，马耀峰，杨敏. 城市旅游经济与生态环境系统耦合协调度比较研究——以上海、西安为例［J］. 统计与信息论坛，2011，26（12）：44－48.

［99］蒲晓晔，JARKO F. 中国经济高质量发展的动力结构优化机理研究［J］. 西北大学学报（哲学社会科学版），2018，48（01）：113－118.

［100］齐骥. "两山"理论在乡村振兴中的价值实现及文化启示［J］. 山东大学学报（哲学社会科学版），2019，（05）：145－155.

［101］任保平，李禹墨. 新时代我国高质量发展评判体系的构建及其转型路径［J］. 陕西师范大学学报（哲学社会科学版），2018，47（03）：105－113.

［102］任保平. 新时代中国经济从高速增长转向高质量发展：理论阐释与实践取向［J］.

学术月刊，2018，50（03）：66 - 74，86.

[103] 任海军，唐天泽. 黄河流域上游产业生态化与生态产业化协同发展研究［J］. 青海社会科学，2023，259（01）：40 - 48.

[104] 任志远，徐茜，杨忍. 基于耦合模型的陕西省农业生态环境与经济协调发展研究［J］. 干旱区资源与环境，2011，25（12）：14 - 19.

[105] 任转转，邓峰. 数字技术、要素结构转型与经济高质量发展［J］. 软科学，2023，37（01）：9 - 14，22.

[106] 沈亚琪. 乡村全面振兴背景下基层党组织引领农村精神文明建设研究［J］. 乡村论丛，2023，（02）：25 - 31.

[107] 沈月琴. 天保地区森林资源保护与经济社会协调发展的机理和模式研究［D］. 北京：北京林业大学，2005.

[108] 石敏俊，陈岭楠，林思佳. "两山银行"与生态产业化［J］. 环境经济研究，2022，7（01）：120 - 126.

[109] 舒伯阳，蒋月华，刘娟. 新时代乡村旅游高质量发展的理论思考及实践路径［J］. 华中师范大学学报（自然科学版），2022，56（01）：73 - 82.

[110] 宋成舜，谈兵，黄莉敏，等. 城市土地集约利用效益耦合协调度分析——以咸宁市为例［J］. 土壤，2013，45（04）：746 - 751.

[111] 苏卉，杨妍. 乡村旅游高质量发展的影响因素及组态路径——基于 QCA 方法的联动效应研究［J］. 陕西行政学院学报，2023，37（01）：82 - 87.

[112] 孙立，靳林强. 艺术家聚集型村庄公共空间规划策略研究——以北京昌平区下苑村为例［J］. 遗产与保护研究，2018，3（03）：8 - 12.

[113] 孙淑华，张波，肖庆洲，等. 2022 中国旅游科学年会论文集［C］. 北京：中国旅游研究院，2022.

[114] 谭桂娟. 论共同富裕的实现机制——基于系统论的一种分析［J］. 山西高等学校社会科学学报，2010，22（01）：29 - 31.

[115] 谭雅蓉，吴思齐，于金莹，等. 基于三方演化博弈的乡村旅游产业高质量发展分析［J］. 农业展望，2023，19（04）：58 - 65.

[116] 唐思航. 社会主义共同富裕实现机制研究［D］. 南京：中共江苏省委党校，2008.

[117] 田秋生. 高质量发展的理论内涵和实践要求［J］. 山东大学学报（哲学社会科学版），2018（06）：1 - 8.

[118] 田雅娟，甄力. 迈向共同富裕：收入视角下的演进分析［J］. 统计学报，2020，1（05）：61 - 68.

[119] 田智宇，周大地. "两步走"新战略下的我国能源高质量发展转型研究［J］. 环境保护，2018，46（02）：13 - 16.

[120] 童辉. 我国产业生态化的问题及路径选择［D］. 天津：天津商业大学，2008.

[121] 汪恭礼. 乡村振兴战略视角下的农村三次产业融合发展探析 [J]. 河北大学学报（哲学社会科学版），2018, 43（06）：118 - 127.

[122] 王彩彩，袭威，徐虹，等. 乡村旅游开发促进共同富裕的机制与路径——基于共生视角的分析 [J]. 自然资源学报，2023, 38（02）：335 - 356.

[123] 王春益. 坚持"两山"理念推进产业生态化和生态产业化 [J]. 中国生态文明，2019,（03）：76 - 77.

[124] 王晗，周健. "双碳"背景下新疆旅游循环经济体系的协调关系研究 [J]. 当代经济，2023, 40（05）：66 - 74.

[125] 王家俊. 关于"生态旅游"概念的探讨 [J]. 地理学与国土研究，2020（18）：103 - 106.

[126] 王金伟，朱竑，宋子千，等. 共同富裕视域下乡村旅游高质量发展：科学内涵与理论阐释 [J]. 旅游导刊，2023, 7（02）：1 - 21.

[127] 王凯，易能静. 旅游产业集聚对旅游经济高质量发展的直接效应与溢出效应 [J]. 河北科技大学学报（社会科学版），2023, 23（02）：1 - 10, 21.

[128] 王磊，龚新蜀. 产业生态化研究综述 [J]. 工业技术经济，2013, 32（07）：154 - 160.

[129] 王磊. 资源型产业生态化与区域经济可持续发展——基于丝绸之路经济带核心区的实证研究 [J]. 企业经济，2018, 37（02）：42 - 50.

[130] 王利红. 河南省乡村旅游发展研究 [D]. 郑州：河南大学，2008.

[131] 王林珠，孙艺欣，徐德义. 绿色技术创新与高质量绿色发展的耦合协调与互动响应 [J]. 技术经济，2023, 42（05）：1 - 15.

[132] 王璐，吴忠军. 桂林旅游产业生态化转型：内涵、困境与思路——以生态文明为视角 [J]. 社会科学家，2020（10）：48 - 53.

[133] 王璐，郑向敏. 乡村民宿"温度"与乡村振兴 [J]. 旅游学刊，2021, 36（04）：7 - 10.

[134] 王萌，杜群. "两山"理论对环境法律观的塑造 [J]. 河南财经政法大学学报，2023, 38（04）：12 - 20.

[135] 王明全，王金达，刘景双，等. 吉林省西部生态支撑能力与社会经济发展的动态耦合 [J]. 应用生态学报，2009, 20（01）：170 - 176.

[136] 王淑曼，康达西，程金龙. "两山论"谱写乡村旅游新篇章 [J]. 旅游学刊，2020, 35（10）：9 - 12.

[137] 王淑新，胡仪元，唐萍萍. 生态文明视角下的旅游产业生态化发展——以秦巴汉水生态旅游圈为例 [J]. 生态经济，2015, 31（08）：133 - 136.

[138] 王婷，姚旻，张琦，等. 高质量发展视角下乡村旅游发展问题与对策 [J]. 中国农业资源与区划，2021, 42（08）：140 - 146.

[139] 王一鸣. 百年大变局、高质量发展与构建新发展格局 [J]. 管理世界, 2020, 36 (12): 1-13.

[140] 王勇. 高质量发展视角下推动乡村旅游发展的路径思考 [J]. 农村经济, 2020, 454 (08): 75-82.

[141] 王育宝, 陆扬, 王玮华. 经济高质量发展与生态环境保护协调耦合研究新进展 [J]. 北京工业大学学报 (社会科学版), 2019, 19 (05): 84-94.

[142] 魏敏, 李书昊. 新时代中国经济高质量发展水平的测度研究 [J]. 数量经济技术经济研究, 2018, 35 (11): 3-20.

[143] 魏昕伊, 张琰飞. 湘西红色旅游开发的影响因素与具体路径 [J]. 吉首大学学报 (自然科学版), 2020, 41 (02): 69-75.

[144] 翁钢民, 李凌雁. 基于空间统计分析的我国旅游业与生态环境协调发展研究 [J]. 生态经济, 2015, 31 (10): 90-94.

[145] 吴丹丹, 马仁锋, 郝晨, 等. 数字经济对市域旅游业高质量发展水平的空间效应及机制 [J]. 经济地理, 2023, 43 (04): 229-240.

[146] 吴健, 袁甜. 生态保护补偿市场机制的国际实践与启示 [J]. 中国国土资源经济, 2019, 32 (07): 4-11.

[147] 吴开军. 中国式现代化引领中国旅游业高质量发展的内涵和路径研究 [J]. 南昌师范学院学报, 2023, 44 (02): 129-135.

[148] 吴彦辉. 乡村旅游高质量发展: 内涵、动力与路径 [J]. 广西大学学报 (哲学社会科学版), 2021, 43 (05): 102-107.

[149] 习近平. 习近平谈治国理政: 第三卷 [M]. 北京: 外文出版社, 2020.

[150] 习近平. 习近平谈治国理政: 第四卷 [M]. 北京: 外文出版社, 2022.

[151] 向春燕, 周春燕. 基于红色旅游资源的研学旅行产品开发——以重庆红岩景区为例 [J]. 重庆文理学院学报 (社会科学版), 2021, 40 (01): 68-79.

[152] 向延平. 乡村旅游驱动乡村振兴内在机理与动力机制研究 [J]. 湖南社会科学, 2021 (02): 41-47.

[153] 肖庆洲, 张波. 生态产业化的实现模式与路径探索 [J]. 江苏理工学院学报, 2022, 28 (03): 63-71.

[154] 谢珈, 马晋文, 朱莉. 乡村振兴背景下我国乡村文化旅游高质量发展的思考 [J]. 企业经济, 2019, 38 (11): 88-92.

[155] 徐曼, 邓创, 刘达禹. 数字经济引领经济高质量发展: 机制机理与研究展望 [J]. 当代经济管理, 2023, 45 (02): 66-72.

[156] 徐鹏, 郭鸿鑫, 梁贵春. 中国式现代化与高质量发展的共生路径探析 [J]. 产业创新研究, 2023, (08): 13-15.

[157] 徐榕阳. "两山" 理念下兵团第十二师乡村旅游高质量发展策略研究 [J]. 农村经

济与科技, 2023, 34 (09): 116 – 119.

[158] 严立冬, 谭波, 刘加林. 生态资本化: 生态资源的价值实现 [J]. 中南财经政法大学学报, 2009 (02): 3 – 8, 142.

[159] 杨莉, 刘海燕. 习近平"两山理论"的科学内涵及思维能力的分析 [J]. 自然辩证法研究, 2019, 35 (10): 107 – 111.

[160] 杨洋, 李世泰, 卢守印. 基于产业生态圈视角的山东丘陵地区乡村旅游高质量发展评价研究 [J]. 鲁东大学学报 (自然科学版), 2022, 38 (01): 89 – 96.

[161] 姚长林. 渝东南产业生态化与生态产业化协同发展 [J]. 现代企业, 2018 (10): 38 – 39.

[162] 姚仟, 张波, 肖庆洲, 等. 应用型大学生态文明教育实施路径研究 [J]. 北京联合大学学报, 2022, 36 (03): 7 – 14.

[163] 叶笑. "双循环"背景下的衢州市乡村旅游高质量发展路径研究 [J]. 农村经济与科技, 2023, 34 (01): 134 – 137.

[164] 银元. 乡村旅游合作社发展与建设研究 [M]. 北京: 国家行政学院出版社, 2017.

[165] 于法稳, 黄鑫, 岳会. 乡村旅游高质量发展: 内涵特征、关键问题及对策建议 [J]. 中国农村经济, 2020 (08): 27 – 39.

[166] 余东华. 黄河流域产业生态化与生态产业化的战略方向和主要路径 [J]. 山东师范大学学报 (社会科学版), 2022, 67 (01): 128 – 138.

[167] 虞慧怡, 张林波, 李岱青, 等. 生态产品价值实现的国内外实践经验与启示 [J]. 环境科学研究, 2020, 33 (3): 685 – 690.

[168] 虞震. 我国产业生态化路径研究 [D]. 上海: 上海社会科学院, 2007.

[169] 扎西, 杨子岩. 绘在黄土高原上的彩带 [N]. 人民日报海外版, 2020 – 11 – 09 (003).

[170] 张爱儒, 韩雪, 张继泽. 基于生态承载力的三江源生态功能区产业生态化模式选择 [J]. 青海民族研究, 2020, 31 (02): 51 – 58.

[171] 张碧星. 促进乡村旅游高质量发展 [J]. 人民论坛, 2018 (32): 82 – 83.

[172] 张二震, 戴翔. 以"双循环"新发展格局引领经济高质量发展: 理论逻辑与实现路径 [J]. 南京社会科学, 2023 (01): 51 – 59.

[173] 张帆, 李远航. 基于乡村振兴战略的彭阳县林草特色产业高质量发展路径研究 [J]. 中国水土保持, 2023 (06): 5, 7 – 10.

[174] 张国俊, 王珏晗, 庄大昌. 广州市产业生态化时空演变特征及驱动因素 [J]. 地理研究, 2018, 37 (06): 1070 – 1086.

[175] 张红, 王蕾. 推动文旅融合高质量发展的对策建议——以兰考县为例 [J]. 产业创新研究, 2023, 113 (12): 94 – 96.

[176] 张红丽, 温宁. 西北地区生态农业产业化发展问题与模式选择 [J]. 甘肃社会科

学，2020（3）：192－199.

［177］张洪昌. 新时代旅游业高质量发展的治理逻辑与制度创新［J］. 当代经济管理，
2019，41（09）：60－66.

［178］张洁，梁大刚，茼娜娜. 杭州蚕桑文化旅游发展的 SWOT 分析［J］. 丝绸，2017，
54（11）：45－49.

［179］张军扩，侯永志，刘培林，等. 高质量发展的目标要求和战略路径［J］. 管理世
界，2019，35（07）：1－7.

［180］张俊山. 对经济高质量发展的马克思主义政治经济学解析［J］. 经济纵横，2019
（01）：36－44.

［181］张康洁，于法稳，李福夺. 中国农村信息化、农业产业化与乡村生态化耦合协调发
展［J］. 中国人口·资源与环境，2023，33（06）：182－195.

［182］张科，熊子怡，黄细嘉. 绿色债券、碳减排效应与经济高质量发展［J］. 财经研
究，2023，49（06）：64－78.

［183］张倩霓，王晓欣，钱贵霞. 基于"两山"发展模型的生态产品价值实现路径——
以内蒙古为例［J］. 生态经济，2023，39（05）：222－229.

［184］张婷，文韶丰，周玉，等. 自然资源领域生态产品价值实现机制思考——基于生态
产业化实践［J］. 中国国土资源经济，2022，35（11）：11－17.

［185］张威，崔卫杰，叶欣. 中国自贸试验区发展成就与政策建议［J］. 国际经济合作，
2018（01）：8－11.

［186］张轩畅，刘彦随，李裕瑞，等. 黄土丘陵沟壑区乡村生态产业化机理及其典型模式
［J］. 资源科学，2020，42（07）：1275－1284.

［187］张燕，徐建华，曾刚，等. 旅游—经济—生态系统可持续协调发展评价模型构建与
实证研究——以广西桂林为例［J］. 旅游科学，2008，（03）：31－35，54.

［188］张玉钧，高云. 绿色转型赋能生态旅游高质量发展［J］. 旅游学刊，2021，36
（09）：1－3.

［189］张玉娜. 乡村振兴推进共同富裕的内在逻辑与路径选择［J］. 农村经济与科技，
2023，34（06）：224－227.

［190］张远强，曾贞，史君怡，等. 乡村振兴背景下云南林下经济高质量发展路径研究
［J］. 安徽农业科学，2023，51（11）：73－75.

［191］张云，赵一强. 环首都经济圈生态产业化的路径选择［J］. 生态经济，2012（4）：
118－121.

［192］张哲乐，许霞. 城乡统筹背景下的乡村旅游人才培养［J］. 安徽农业科学，2011，
39（14）：8506－8507，8669.

［193］张祝平. 以文旅融合理念推动乡村旅游高质量发展：形成逻辑与路径选择［J］. 南
京社会科学，2021（07）：157－164.

［194］赵丹阳，佟连军，郭付友，等. 基于结构调整视角的吉林省产业生态化发展［J］. 应用生态学报，2016，27（09）：2933－2940.

［195］赵建军，杨博."绿水青山就是金山银山"的哲学意蕴与时代价值［J］. 自然辩证法研究，2015，31（12）：104－109.

［196］赵剑波，史丹，邓洲. 高质量发展的内涵研究［J］. 经济与管理研究，2019，40（11）：15－31.

［197］赵凌宇，申珂瑜. 推进乡村旅游高质量发展［J］. 农村经济与科技，2018，29（21）：93－94.

［198］赵爽，刘文亮. 乡村高质量发展评价及障碍因素分析——以河北省为例［J］. 安徽农业科学，2023，51（08）：259－261，266.

［199］赵涛，张智，梁上坤. 数字经济、创业活跃度与高质量发展——来自中国城市的经验证据［J］. 管理世界，2020，36（10）：65－76.

［200］赵伟，傅燕辉，宋海松. 红色旅游产业生态化开发问题调查研究——以韶山红色旅游产业为例［J］. 资源开发与市场，2014，30（05）：630－632.

［201］郑伟民，袁外. 福建省旅游经济与生态环境的耦合协调发展分析［J］. 湖北民族学院学报（自然科学版），2015，33（01）：95－100.

［202］周波. 如何看待建设现代化经济体系与高质量发展［J］. 国际贸易问题，2018，422（02）：28－32.

［203］周丽，蔡张瑶，黄德平. 西部民族地区乡村旅游高质量发展的现实需求、丰富内涵和实现路径［J］. 农村经济，2021（06）：137－144.

［204］周利平，左缘缘. 乡村振兴与高质量发展耦合度的区域非均衡性及驱动因素识别［J］. 四川农业大学学报，2023，41（03）：550－565.

［205］周全，高璐. 合肥红色旅游发展路径研究［J］. 合肥学院学报（综合版），2021，38（01）：61－65.

［206］周世祥，韩勇. 我国工业生态化问题研究及对策思考［J］. 能源与环境，2009（04）：7－9.

［207］朱明，曹姗. 新时代中国乡村旅游高质量发展探析［J］. 江苏商论，2021（10）：52－54.

［208］邹克，倪青山. 普惠金融促进共同富裕：理论、测度与实证［J］. 金融经济学研究，2021，36（05）：48－62.

［209］邹统钎. 绿水青山与金山银山转化的乡村旅游机制探讨［J］. 旅游学刊，2020，35（10）：4－7.

［210］左志平，刘春玲，黎继子. 产业集群供应链生态合作绩效影响因素实证研究［J］. 科学学与科学技术管理，2015，36（05）：32－41.

［211］张波，白丽媛. 基于"两山"理论的乡村旅游高质量发展研究［J］. 北京联合大

学学报（人文社会科学版），2024，22（04）：55－64.

［212］张正华，刘芳．"双碳"背景下云南省旅游业与生态环境耦合协调发展研究［J］．生态经济，2024，40（08）：145－153.

［213］郑凤田，王若男，刘爽，等．合作社自办企业能否更好地带动农户增收？——基于纵向外部性与不完全契约理论［J］．中国农村经济，2021，（08）：80－102.

［214］袁广达，王琪．"生态资源—生态资产—生态资本"的演化动因与路径［J］．财会月刊，2021，（17）：25－32.

后　记

作者主要从事生态文明建设、乡村旅游和习近平生态文明思想的理论和实践研究，尤其是"两山理论"的实践研究。本书为北京市社会科学基金规划重点项目"基于'两山理论'的北京乡村旅游高质量发展研究"（20GLA007）的结项成果，并结合了作者近几年在北京联合大学教学和科研工作的相关研究成果。

本书对北京乡村旅游进行了大量的实证和案例研究，对"两山理论"及其实践进行了有益的研究探索。本书第一章至第六章由张波撰写，肖庆洲进行数据分析和后期的修改完善工作。全书由张波进行统稿和定稿。

感谢项目组成员白丽嫒、翟旭瑾、王恒等老师做了大量的研究工作，感谢研究生吉达、姚仟、王培涵三位同学进行了大量的资料收集、整理和研究工作。感谢众多老师提供了大量相关的文献资料和有益的建议，在此向大家深表谢意。最后，衷心感谢所有帮助和支持项目研究的领导、同事、学生和朋友们。

限于作者的学识，对于乡村旅游、"两山理论"相关问题的研究有些仅仅是探索性和尝试性的，其中一定有不少错误和不当之处，恳请各位专家、读者予以批评指正。

在本书撰写过程中，作者参阅和引用了大量文献，对所有文献作者表示诚挚的感谢。本书参考了许多专家和学者的研究成果和文献资料，由于篇幅限制，一些资料来源不能一一列出，在此表示歉意。

张　波
2025 年 3 月于北京联合大学